2020년 3월 31일   1쇄

글·사진 원현정

펴낸곳 하다

펴낸이 전미정

디자인·편집 고은미 정윤혜

일러스트 김송미 외 15명

교정·교열 황진아

출판등록 2009년 12월 3일 제301-2009-230호

주소 서울 중구 퇴계로 182 가락회관 6층

전화 070-7090-1177

팩스 02-2275-5327

이메일 go5326@naver.com

홈페이지 www.hadabooks.com

ISBN 978-89-97170-59-3 03810

정가 12,000원

ⓒ원현정, 2020

도서출판 하다는 (주)늘품플러스의 출판 브랜드입니다.
이 책은 저작권법에 따라 보호받는 저작물이므로 무단 전재와 무단 복제를 금지하며,
이 책 내용의 전부 또는 일부를 이용하려면 반드시 저작권자와 (주)늘품플러스의 동의를 받아야 합니다.

I'm Me

인생을 갈팡질팡하는 당신을 위해

원현정 저

차례

서문 • 8
개정판 서문 • 10

혼자서도 문제없어

<small>혼자서는 잘 못하겠어. 쭈뼛쭈뼛. 그냥 가볍게 이거부터 해봐</small>

혼자서도 문제없어 • 12
하루만 인생을 멈추어 보자 • 17
쉬운 것부터 혼자 해 보기 • 19
혼자 걷기부터 시작 • 21
걸으면서 명상하기 • 24
한 발자국만 뒤로 물러나 들여다보기 • 26
부정적인 언어 쓰지 않기 • 30
일기 쓰기 : 나 자신과의 대화 기록 • 33
작은 모험하기 • 36
새로운 길 찾기 • 39

나만의 공간 만들기 • 42
나는 누굴까? • 44
오늘 한 가지 만족을 찾기 • 47
하늘 쳐다보기 • 50
혼자일수록 사람 관리 잘하기 • 52
고속도로 휴게소로 여행 가기 • 56
생일 챙기기 • 58
단순하게 살기 • 61
지루해지는 것은 스스로에 대한 모욕이다 • 65

자신을 인정하기

이런 것들로 나를 채워가자

삶의 스타일 모아 보물지도 만들기 • 70
계획하는 것부터 과정 즐기기 • 73
어릴 때 갖고 싶었던 것 • 77
괜찮은 척하지 말자 • 79
비움의 의미 • 83
요청하자 : Ask • 86
Say "No" : "안 돼요"라고 말하기 • 89
스타일 찾기 • 92
자신을 인정하기 • 95
문 앞에 서서 내려놓고 문 열기 • 98

사생활결핍증후군 : 재충전 • 101
기다리는 즐거움 • 103
즐겨찾기의 재구성 • 105
언제 어디서나 나만의 작품 사진 만들기 • 106
새로운 친구 만들기 • 109
집중하기(몰입) • 112
남도 로맨스일 수 있다 • 115
혼자 행복 찾기 • 118

늦지 않았다

뭘 더 넣을까? 이제는 할 수 있을 것 같아

나는 주인공이다 • 123
케세라세라 : 아님 말고 • 125
카이로스로 전환하기
  _ 느리게 살기 : 멈추면 비로소 보이는 것들 • 129
매일 진화하기 • 131
여행 가서 산 옷 • 134
예쁘게 상 차려 먹기 • 137
양보할 수 없는 나만의 사치 • 140
나에게 투자하기 • 142
잠자는 물건에 자유를 찾아 주기 • 145

나는 내가 평가하기 • 149
그저 웃지요 • 151
반성은 YES, 후회는 NO • 154
아무것도 아닌 자존심 • 157
끝까지 가지는 말자 • 160
그럼에도 불구하고 • 165
진정한 친구 • 168
Rockin' Love • 171
늦지 않았다 • 175

이 책을 기획하면서 누구를 위한 책인지 고민했고 또 그런 질문도 많이 받았다. '혼자'라는 타이틀이 들어가니 혼자 사는 사람들을 위한 책이려니 생각하기도 한다. 혼자 산다는 의미는 여러 가지다. 결혼 안 하고 혼자 사는 독신자도 있고. 결혼했지만 혼자처럼 외로운 사람도 있다. 옆에 남편이나 아내가 있더라도 공감 받지 못하면 더 외로운 법이다. 또 결혼해서도 부모로부터 정신적으로나 경제적으로 독립하지 못하는 경우도 많은데, 그러한 경우에는 대부분 결혼 생활이 원만치 않다. 결혼하기 전에 스스로 독립적이고 성숙한 인간이 되어야 결혼해서도 올바른 부부 생활이 가능해진다. 그러다 보니 결국 이 책은 모든 사람들을 향한 책이 되었다.

"한번 장관이면 영원한 장관이다", "장관 한번 하면 양말도 혼자 못 신는다"라는 말도 있듯이 항상 누군가의 시중을 받아온 사람들은 혼자 일상적인 일을 잘 하지 못한다. 권위적이고 높은 자리에 있던 사람일수록 더 심하다. 회사의 임원들도 마찬가지다. 집에선 아내가, 밖에선 비서들이 모두 뒷바라지 해주다 보니 혼자서는 일 처리를 하거나 놀 줄을 모른다. 은퇴 후엔 갑자기 생긴 빈 시간을 어떻게 때워야 할지 난감해서 일주일 내내 골프를 치거나 심하면 공황장애에 빠지기도 한다. 이렇게 되지 않으려면 혼자 사는 방법을 미리 연습해야 한다.

어려서부터 위, 아래 아들 뒷바라지하느라 바쁜 엄마는 내가 무슨 짓을 하든 별로 신경쓰지 않았고, 사춘기의 반항심이었는지 고등학교 때부터는 혼자 놀기 시작했다. 다른 애들은 대학 입시 공부를 해야 하니까 혼자서 영화나 연극을 보러 다녔다. 고등학생들은 못 들어가는 카페에 앉아서 커피도 마시고 책도 보며 혼자 잘 놀았다. 그러다 보니 혼자 다니는 것에 익숙해졌다.

부모님 뜻대로 결혼을 한 후에도 남편은 일밖에 모르는 바쁜 사람이었고, 거의 독신과 다름없는 생활이 이어졌다. 점차 남편에 대한 기대나 바람은 없어지고 내가 하고 싶은 건 스스로 알아서 하게 되었다. 친구와 함께할 때도 있었지만 친구들이 남편과 함께 시간을 보내야 할 때는 혼자라도 하고 싶은 일을 찾아다녔다. 남편이 함께해 주길 바라며 기대하고 실망하며 내 인생을 허비하는 게 아까워서 마음을 비워버렸다고나 할까. 일을 하지 않는 여가 시간에 혼자 즐길 수 있는 것들을 찾아야 했다.

타고난 성격도 있었겠지만 책을 읽고 생각을 하고 자기 성찰하기를 좋아하다 보니 남에게 신경 쓰고 휘둘리며 사는 것보다 나에게 충실한 인생을 살게 되었다. 남의 눈치를 볼 시간에 내 공부에 더 투자하고, 남과 비교하며 남의 말에 상처 받기보다 나의 선택이 우선이다. 내가 옳다고 생각하는 기준대로 살려고 노력한다. 어떤 이들은 나의 이런 성격이 너무 강하다고 생각할 수도 있다. 그러나 독단적이거나 배타적이지 않게, 남들도 최대한 배려하고 함께 조화를 이루어가며 내 꿈을 성취해 가고 싶다.

코칭을 하다 보면 자존감이 부족해 자신만의 기준을 갖지 못한 채 남에게 의지하고 상처받는 외로운 영혼들을 많이 만나게 된다. 이 책이 혼자라서 외롭다고 생각하는 모든 사람들에게 조금이나마 위안이 되고 도움이 되기를 바라는 마음이 간절하다.

혼자 있는 시간을 충분히 즐기고 유용하게 사용하는 것은 자기 인생을 '스스로' 살아가는 데 필요한 기본 조건이다. 다른 사람에 의해 또는 상황에 끌려 인생을 살았다고 생각한다면 오늘부터 다시 생각해 보자. 내 인생이 누구의 것인지를. 인생은 선택이라고 하는데 그 선택은 누가하는지를.

오늘부터 인생을 내 것으로 만들자.

개정판 서문

초판이 나온 지 7년이 지났습니다. 오십 되던 해 첫 번째 책을 내려는 목표를 이루었고, 이제 오십 대를 다 지나서 다시 개정판을 만들게 되었습니다.

요즘은 초판이 안 팔리기도 하고 절판이 되어버리는 책도 많은데 왜 개정판을 내려고 하느냐는 질문을 하는 사람도 있습니다.

〈코끼리를 냉장고에 넣으려면〉은 아직도 내가 삶을 살고 사람들을 만나면서 하는 이야기들입니다.

세월이 지나도 변하지 않는 내용입니다. 나이와 상관없이 자신이 원하는 삶을 살기 위해서 한번쯤 생각해봤으면 하는 것들입니다.

몇 가지 에피소드를 추가하고 그림 그리는 친구들의 도움으로 예쁜 일러스트를 넣었습니다. 제목도 표지도 새롭고 산뜻하게 바뀌었네요.

40대의 열정이 담긴 〈I'm me〉가 여러분들에게 응원이 되기를 바랍니다.

> "나의 첫 책을 사랑해주신 독자들에게도,
> 그림을 주신 작가들에게도 감사드립니다"

2020년 3월 31일 원현정

혼자서도 문제없어

혼자서도 문제없어

"누구랑?"

여행을 간다고 말하면 돌아오는 첫 물음이다.

"혼자 가는데?"

이렇게 답하면 상대방은 동그래진 눈으로 나를 다시 쳐다본다. 누구와 함께 먹느냐에 따라 밥맛이 다른 것처럼, 여행도 사랑하는 사람과 함께 간다면 행복할 것이다. 하지만 여행을 갈 때마다 매번 누군가와 일정을 맞출 수는 없는 노릇이고, 사람마다 여행하는 스타일은 천차만별이다. 더군다나 성격이나 취미, 바이오리듬까지 다르다면 함께 여행을 다니기는 결코 쉽지 않다. 그래서 혼자 가는 여행은 그 나름대로 장점이 많다.

공연을 볼 때도 마찬가지다. 음악회나 뮤지컬을 보기 위해 서로의 시간을 맞추느라 힘들일 필요도 없고, 관람 중에도 상대방이 재미있게 보고 있는지 신경 쓸 필요도 없으니 온전히 공연에만 집중할 수 있다.

사람들에게 물어보면 다들 하고 싶은 일은 정말 많다. 여행도 가고 싶고, 맛있는 음식도 먹고 싶고, 영화도 보고 싶다. 하지만 아무것도 하지 않는다. 평일에는 너무 바쁘고, 주말에는 같이할 사람

〈혼자서도 문제없어〉, 송미연

이 없기 때문이란다. 그렇다면 왜 혼자서 하지 않지?

혼자서 무언가를 한다는 것이 아주 많은 용기가 필요한 일인가? 물론 성격에 따라서는 그럴 수도 있다. 하지만 같이할 사람이 없다고 하고 싶은 일들을 포기할 수는 없다. 처음이 어렵지 한 번 두 번 시도해 보면 별거 아니다. 바로 오늘부터라도 쉬운 일부터 하나씩 해 보자. 식당에 들어가서 혼자 밥 먹기, 혼자 영화 보기, 혼자 미술관이나 화랑 전시 보러 가기, 산책하기, 음악회 가기…… 세상엔 혼자서 할 수 있는 일들이 셀 수 없이 많고, 어떤 일들은 혼자 하는 게 더 편하고 효과적이기까지 하다.

손미나 작가의 책 『다시 가슴이 뜨거워져라』에 아르헨티나에서 탱고를 배울 때의 일화가 적혀 있다. 며칠 동안 걷기만 가르치는 선생에게 그녀가 물었다. "언제까지 걷기만 해야 하냐"고. 평생 탱고를 추어 온 선생이 이렇게 말했다.

> "탱고는 춤이 아니야. 탱고는 그저 둘이 걷는 거지. 사실 그게 다야. 그래서 기본이 더욱 중요해. 누군가와 함께 걷기 위해선 우선 혼자 잘 걸을 수 있어야 하지. 마치 인생이 그런 것처럼."

나 혼자서도 잘 살 수 있어야 다른 사람과의 관계도 건강하게 성립된다. 하나의 기둥이 잘 세워져야 그 다음 기둥이 서고 그 사이의 대들보가 균형을 이룰 수 있다. '잘되면 내 탓이고 잘못되면 조상 탓'이라는 말처럼 모든 책임을 남 탓으로 돌리면 그 인생은 누구의 것이란 말인가. 어떤 이유에서든 인생은 오롯이 내 것이어야 한다. 그러기 위해선 물리적으로나 정신적으로나 진정한 독립이 필요하다.

〈하루만 인생을 멈추어 보자〉, 조애심

하루만 인생을 멈추어 보자

365 × 80 = 29,200일 중의 하루.

인생이 길어졌다. 여자 평균 수명이 86세 정도라니, 나도 앞으로 30년은 넘게 살지도 모른다. 백세시대라는 말이 맞는다면 지금까지 살아온 만큼 더 살 수도 있다. 지금부터 새로운 일을 배워서 시작해도 전혀 늦지 않은 것이다. 적당히 80년만 잡아도 29,200일. 그 중 하루 정도는 아무것도 하지 않아도 인생의 대세는 달라지지 않는다. 하루만 멍때리자.

난 지금 뭘 하고 있나? 잘 살고 있나? 앞으로 어떻게 하면 행복할까?

내 인생에서 하루만, 딱 하루만 없는 셈 치고 오로지 나에 대해서만 생각해 보자.

'나이 들어서 못한다'거나 '이 나이에 뭘 하겠어'라는 말을 입에 달고 살지 말자. 90세의 할아버지가 외국어 공부를 시작하신다기에 그 이유를 물으니, 60세에 은퇴하고 30년이 넘도록 건강한 걸 보니 앞으로 얼마큼 더 살지 모르기 때문이란다.

마흔이 될 무렵, 내가 혼자 여행을 가거나 시끄러운 음악을 들으며 운전을 하면 '너도 내 나이 되어 봐라' 하고 입버릇처럼 말하던 선배가 있었다. 나보다 겨우 세 살 밖에 안 많았는데. 이제 육십을 바라보지만 나는 여전히 새로운 곳을 여행하는 게 좋고, 시끄러운 음악을 들으며 혼자 드라이브를 즐긴다. 그건 나이 때문이 아니라 취향일 따름인 걸. 나이 든다는 것이 도대체 무엇이기에 '나이 들면 다 그렇다'는 갑갑한 말을 하는 걸까.

지금부터라도 내가 무엇을 하면 가장 행복한지 생각해 보자.

30대에는 '십 년 뒤에 나는 무얼 하는 사람일까? 그렇게 되려면 지금 무얼 해야 하나'를 고민하며 살았다. 그때는 나도 열심히 일해서 성공하고 싶었다. 40대에는 개인적으로 힘든 일을 겪으며 인생을 다시 새롭게 고민하게 되었다. 그동안 살아온 날들을 돌아보고, 다른 사람들에게 무의식적으로 상처 준 일을 반성하고 고치려고 부단히 노력했다. 이제 50대도 끝나갈 때가 되니 '뭘 하는 사람이 될까'보다 '어떤 사람이 될 것인가'가 더 중요해졌다.

나의 미래를 그려 보자. 다양한 컬러를 사용해 구체적으로. 나도 다시 그림을 그려 본다. 내가 할머니가 되면 어떤 모습일지. 남의 말을 듣지 않는 고집스러운 노인네가 아니라 살아온 만큼 넓은 마음의 폭을 가진 편안한 할머니가 되고 싶다. 어떻게 살아야 마지막 날에 후회하지 않고 감사하며 눈감을 수 있을까?

쉬운 것부터 혼자 해 보기

영화 보기, 밥 먹기, 여행 가기, 산책 하기, 운동 하기.

이 중 당신이 혼자서 제일 쉽게 할 수 있는 일은 무엇인가? 물론 사람마다 대답은 다를 것이다. 어떤 사람은 다른 건 다 해도 혼자 식당에 들어가서 밥 먹는 건 못 하겠다고 한다. 나도 예전에 외국 출장을 가면 혼자 좋은 레스토랑에 들어가기가 쑥스러워 간단한 테이크아웃Take-out 메뉴를 사다가 호텔방에서 먹거나 룸서비스를 시키곤 했다. 그러다 보니 가 보고 싶었던 레스토랑은 갈 수가 없었다. 예전에는 식당에 가면 혼자 밥 먹기가 어색해서인지 신문을 보는 사람들이 있었다. 요즘에는 대부분 핸드폰을 쳐다보고 있다. 개중에는 혼자 있기가 멋쩍어서 보는 척만 하는 사람도 있을 것이다. 심지어 마치 누가 올 것처럼 2인분을 시켜 두는 사람도 있단다.

무엇이든 처음 시도가 어렵지 하다 보면 별거 아니다. 우선 다른 사람의 시선에서 당당해지는 힘을 기르는 것이 필요하다. 유독 다른 사람의 시선에 민감한 사람들이 있다.

남들은 아무 생각 없이 그냥 봤을 뿐인데 예민하게 반응하며 왜 쳐다보냐 신경 쓴다.

한때 '냉장고에 코끼리 넣기' 문제가 유행했다. 그 답은 바로 '냉장고 문을 연다. 코끼리를 넣는다. 냉장고 문을 닫는다'였다.

자, 해 보자. 식당 문을 열고 들어간다. 먹고 싶은 음식을 시킨다. 맛있게 먹고 계산을 한다. 마지막으로 당당하게 문을 열고 나온다. 그리고 자신에게 칭찬을 해 준다. 바쁘게 사는 요즘 사람들은 생각보다 다른 사람에게 별로 신경 쓰지 않는다. 담담하게 하고 싶은 대로 하자. 하다 보면 쉬워질 것이다.

혼자 걷기부터 시작

일주일에 한 번씩 나와 데이트를 하기로 한다.

'오늘은 어디를 갈까?'

공연도 검색해 보고 마땅한 게 없으면 미술관에서 무슨 전시를 하는지 찾아본다.

외로운 날은 가로수길이나 삼청동을 걷는다. 젊은이들의 기운도 느끼고 길가 카페에 앉아서 지나가는 사람들의 패션을 곱씹어 보기도 한다.

사는 게 힘들다고 느껴지는 날이면 시장으로 향한다. 새벽 시장도 좋지만 야행성인 나는 밤에도 문을 여는 동대문 시장이 더 좋다. 열심히 장사하는 상인들을 보고 있노라면 마음에 담아 뒀던 불평과 투정이 우스워진다. 오히려 그분들을 통해 활기를 얻고, 나의 삶에 감사하게 된다.

이도 저도 갈 데가 없으면 한강으로 향한다. 한강을 쳐다보며 한 시간이고, 두 시간이고 걷는다. 처음엔 뱃살을 빼려고 시작했는데, 이제는 그냥 혼자서 걷는 것이 좋다. 걷다 보면 강물도 보이고 하늘도 보인다. 다정하게 손을 잡고 지나가는 커플도 보인다. 부러우면 지는 거다. 나는 오늘 나와 데이트하는 중이니까.

날씨가 좋은 날엔 해질녘까지 걷다 보면 강물 위로 말로 표현하기 힘들 만큼 아름다운 노을이 펼쳐진다. 나를 위한 하늘의 선물 같다. 이런 날은 운이 좋은 날이다. 핸드폰을 꺼내 사진을 몇 장 찍는다. 내가 찍었지만 예술이다. 페이스북에 올리며 흐뭇해한다.
　걷는 중엔 혼자라고 이상하게 보는 사람이 없다. 한번 해 보자.
　나는 오늘도 혼자 걷는다.

〈혼자 걷기부터 시작〉, 유수미

걸으면서 명상하기

같은 차를 타고 가도 내가 운전할 때와 남이 운전할 때 보이는 풍경은 많이 다르다. 내가 운전을 하면 옆을 찬찬히 돌아볼 여유가 없다. 운전하는 것보다는 자전거를 타면 세상이 조금 더 보인다. 하지만 걸으면 또 다른 세상이 보인다.

옆을 돌아볼 수도 있고, 하늘을 볼 수도 있다. 심지어 뒤를 돌아볼 수도 있다! 하루에 잠깐이라도 걸으며 하늘을 올려다보자. 구름도 자세히 보자. 그 구름처럼 모든 것이 지나간다.

내가 아무것도 하지 않고 가만히 있어도 구름은 흘러간다. 내 기쁨도 슬픔도 모두 지나간다. 아무리 아파도 그 또한 지나가는 것처럼.

대학원을 다닐 때 한 교수가 눈을 감고 집에서 학교로 오는 길을 머릿속으로 그려 보라고 한 적이 있었다. 나는 집에서 학교로 가는 길과, 그 주변의 것들을 떠올려 봤다. 걷는 것을 좋아해서인지 생각보다 길 주변에 있는 상점과 빌딩들이 꽤 소상히 그려졌다. 하지만 자동차를 주로 사용하는 어떤 학생들은 매일 다니는 그 길의 어디에 무엇이 있는지 전혀 기억나지 않는다는 듯 곤란해 했다. 요즘 사람들은 버스를 타고 다니면서도 세상을 보지 않는다. 이어폰을 끼고 핸드폰만 보기 때문이기도 하다. 음악을 들으며 동네를 한번 돌아보자. 내가 사는 곳에 무엇이 있는지.

제주도 올레길이 성공한 이후 전국에 수많은 길들이 만들어지고 이름이 붙었다. 걷기가 주는 힐링 효과를 사람들이 직접 체험했기 때문이다. 걷기는 에너지를 적당히 써서 뇌 활동을 더 활발하게 만든다. 나 자신에게 집중할 수 있는 시간도 준다. 작가들도 글을 쓰다가 막히면 무조건 밖으로 나가라고 한다. 걸으며 하늘을 한번 쳐다보자. 구름도, 나도 흘러간다.

한 발자국만 뒤로 물러나 들여다보기

　인생을 한 발자국 뒤에서 보면 많은 것이 달라진다.

　웰빙Well-being이라는 말이 유행하더니 이제 웰다잉Well-dying이란 말이 유행하기 시작했다. 말 그대로 '잘 죽기'다. 과연 어떻게 죽는 것이 잘 죽는 것일까? 사람이 본인의 죽음을 어떤 식으로든 선택 할 수 있을까? 죽는 시기, 죽음의 방식 같은 것은 마음대로 되는 것은 아닐 게다. 신의 영역에 속하는 문제라고나 할까?

　어떤 모임이나 종교 단체에서는 죽음을 미리 체험해 보는 프로그램을 진행한다. 유언장을 쓰고, 관에 들어가 누워도 보는데, 관 속에 누워 보는 것은 꽤나 충격적인 경험이어서 우는 사람도 있고 몸부림치는 사람도 있다고 한다. 여러 가지 상상과 반성을 하게 되는 모양이다. 참가자들은 이 체험을 통해 인생의 소중함을 깨닫고, 사랑하는 사람에게 더 잘해야겠다는 각오를 한단다.

　이 뉴스를 보고 나도 생각을 해 봤다. 내 장례식에 누가 올지, 그리고 어떤 말을 하면 좋을지도. 나는 내 장례식에 온 친구와 친지들이 울지 않기를 바란다. 우리나라 정서상 죽음이 기쁜 일로 여겨지진 않겠지만, 서럽고 애통한 일은 아니기를 바란다. 친구들에게도 미리 말해 두었다. 내 장례식에선 울지 말라고. 앞으로 한평

〈한 발자국만 뒤로 물러나 들여다보기〉, 이서윤

생 최선을 다해 후회 없이 살 것이다. 그런 후엔 자연으로 돌아가는 것을 자연스러운 일로 받아들여 주길 바란다.

요즘은 수명이 길어져 장례식장의 모습도 조금 변했다. 예전에는 팔십을 넘기면 호상이라고들 했지만 요즘 팔십은 보통이 되었고, 구십을 넘기고 돌아가시면 상가 분위기도 그리 침통하지 않다.

사람의 죽음처럼 꽃도 꽃마다 시들어 떨어지는 모양이 다르다. 마릴린 먼로나 제임스 딘의 죽음을 보면 동백꽃이 떠오른다. 가장 예쁘고 절정인 순간에 송이채 뚝 떨어져 버리는 동백꽃. 한편 목련은 피었을 때는 순백의 웨딩드레스처럼 아름답지만, 그런 순수함을 뒤로한 채 까맣게 시들어 흉하게 떨어진다. 사람도 그런 일생이 있으리라. 살아서 온갖 부와 명예를 다 누리다가 존경 받지 못하고 비참하고 쓸쓸하게 마감하는.

나는 벚꽃 같은 죽음을 맞고 싶다. 최선을 다해서 수없이 많은 꽃을 피우고, 눈송이처럼 바람에 날려 흩어져 가는. 찬란하게 살다가 아름답게 산화한다면 후회도 없을 것이다. 설령 비바람에 떨어져도 여리고 부드러운 꽃잎으로 땅을 화사하게 덮어 마지막까지 사람들을 미소 짓게 하는 그런 죽음 말이다.

웰다잉은 사실 잘 죽기 위해서가 아니라 잘 살기 위해 나온 말일 것이다. 평균 수명이 백 살이 되어도 이상할 것이 없는 세상에 나이 듦을 한탄하며 남은 생을 보내기에는 시간이 아깝다. 잘 죽기 위해서, 벚꽃처럼 아름다운 최후를 맞기 위해서 잘 살고 싶다.

나는 스스로를 지나친 현실주의자라고 말한다. 지금 이 순간이 너무 소중해서 지나간 과거에 매달릴 시간이 없기 때문이다. 오늘은 내가 살아온 날의 마지막이 아니라, 앞으로 살아갈 날들의 가장 첫날이다. 나는 지금 남아 있는 내 인생에서 가장 젊은 날을 살고 있는 것이다. 그러니 '나이 들어 못한다', '늦어서 못한다'는 말은 하지 말자. 오늘이 가장 이른 날이다.

지금 자신이 관 속에 있다고 상상하고 나를 다시 바라보자. 지금 내가 하고 있는 일이 얼마나 소중한지, 옆에 있는 사람이 얼마나 사랑스러운지 새삼 느끼게 될 것이다. 아마 지금 고민하고 있는 문제들도 다른 각도로 보일 것이다.

부정적인 언어 쓰지 않기

"짜증 내고, 욕하고, 모든 부정적인 말을 안 하기로 작정했더니 며칠 동안 말이 줄었다"

후배가 페이스북에 이런 글을 남겨 놓았길래 내가 댓글을 남겼다.

"대신에 긍정적인 말을 해 봐. 칭찬하고, 감사하고, 웃으며 인사하고"

그렇게 하루하루가 지나고 세월이 쌓이면 나도 바뀌고 주위 사람들도 바뀌고 결국 인생이 바뀔 것이다.

말이 씨가 된다. 어느 선생님께서 '씨가 얼마나 강한지 아느냐'고 말씀하신 적이 있다. 사람의 위는 쇠도 소화 시킬 만큼 강하지만 씨는 절대로 소화되는 법이 없이 다시 나온다. 그만큼 단단하고 강한 것이 씨인데, 말이 씨가 된다니. 말의 힘이 얼마나 센지 알 수 있지 않느냐는 것이다. 게다가 요즘은 부정정인 언어들뿐 아니라 발음도 더 된소리화 되어간다. 사실 자장면 보다는 '짜장면', 소주 보다는 '쏘주' 라고 해야 더 제 맛이 나기는 하지만. 여기에 '힘들어 죽겠다', '배고파 죽겠다' 같은 말들까지…… 세상에 죽을 일도 참 많아졌고, 좋은 표현도 갈수록 과격하게 변해 간다.

인터넷의 영향으로 언어 파괴나 변형이 많다고들 하지만 긍정적인 표현이 더 많아지면 좋겠다. 언어가 그 사람의 성격을 나타낸다고 하는데, 반대로 생각하면 '언어를 바꾸면 성격도 바꿀 수 있다'는 말이 된다. 학생들의 언어를 순화하는 실험에서 학교 내 폭력이 줄고, 학습 능력도 향상된 데다 행동도 훨씬 얌전해졌다는 결과가 이를 증명한다.

젊은 개발자들이 학생들이 사용하는 욕을 귀여운 이모티콘으로 바꿔주는 프로그램을 개발하여 실험을 했다. 욕 대신 이모티콘이 튀어나오니 처음엔 답답했을 수도 있겠지만, 계속 사용하다 보니 학생들의 행동이 실제로 변화되는 결과가 나왔다.

누구나 마찬가지지만 특히 학생들에게 칭찬의 효과는 생각보다 훨씬 놀랍다.『칭찬은 고래도 춤추게 한다』라는 책이 유행한 적이 있다. '고래니까 춤추지 사람은 춤 안 춰~'라고 하는 사람도 있는데, 실제 SBS 다큐멘터리에서 학생들을 대상으로 실험을 했다. 1차 실험에서 학생들에게 길 찾기 미션을 주고 서로를 평가하게 했다. 그리고 제일 호감도가 낮게 나온 학생에게 '네 점수가 제일 높고 친구들이 너를 리더십이 있다고 생각하더라'고 말해 주었다. 그러자 2차 실험에서는 제일 소극적이던 그 학생이 앞장서서 미션을 수행하고 친구들을 도와주면서 실제로 리더십을 보여 주었던 것이다.

    누군가를 당신의 편으로 만드는 가장 **빠른** 방법은 그를 칭찬하는 것이다. 아이들에게도 꾸중보다는 칭찬이 훨씬 좋은 약이 된다. 나에게도 칭찬을 해 주자. 나는 춤출 준비가 되어 있다.

일기 쓰기 : 나 자신과의 대화 기록

매일 빠짐없이 일기를 쓴다. 그날 있었던 일을 쓰기도 하고, 묵은 감정들을 털어놓기도 한다. 서럽고 외로운 일이 있으면 잔뜩 푸념도 늘어놓는다. 지나간 일기를 읽고 있으면 그 어떤 소설보다 재미있다. 그 안에 있는 힘든 일도 기쁜 일도 모두 나와 함께한 것들이기 때문일 것이다.

짧은 여행을 갈 때는 집에 돌아와서 밀린 일기를 쓰기도 하지만, 일주일 이상 여행을 갈 때면 꼭 일기장을 가지고 간다. 여행노트도 따로 가져가 여행하는 동안 틈날 때마다 메모를 하거나 그곳의 느낌을 적는다.

고등학교 때부터 썼던 작은 다이어리들도 모두 가지고 있어서, 친구들과 예전 일들을 얘기하다 기억이 안 나면 수첩들을 다 뒤져서 그때의 일을 찾아내고야 만다. 대학교 때 남자친구를 언제 어디서 만났는지, 결혼하기 전 남편과 몇 번이나 만났는지 모두 찾을 수 있다. 어떤 사람은 이런 내가 무섭다고도 한다.

'셀프 코칭 Self Coaching'이라는 말이 있다. 문제가 생기면 아침에 일기를 써 보자. 나에게 질문하고 고민하고, 그리고 저녁에 다시 그 일기장을 펴 보자. 분명 달라진 것을 발견할 수 있을 것이다.

나의 권유로 일기를 쓰기 시작한 한 친구는 외로울 때나 생각이 필요할 때 도움이 된다고 고마워한다.

창의력을 기르는 방법으로 아침 일기 쓰기를 권하는 사람도 있다. 아침에 한 장씩 일기 쓰기를 3주만 해 보자. 한 가지 일을 습관으로 만들려면 21일은 반복해야 한다고 한다. 쓸 말이 정 없다면 '쓰기 싫다, 쓰기 싫다'로 한 장을 꽉 채워도 좋다. 쓰는 동안 조금씩 쓸 말이 생길 것이다.

저녁 일기와 아침 일기는 확실히 차이가 있다. 저녁에 쓰는 것은 주로 지나간 일을 기록하지만 아침에는 그날의 계획을 세우게 된다. 아침 일기가 좀 더 미래지향적일 수도 있겠다.

우리는 진화 할 것이다. 죽을 때까지 진화하는 삶이 내가 바라는 삶이다. 그런 면에서 좋은 습관 만들기는 당장 오늘부터 시도해 볼 만하다.

일기는 나를 성찰하는 데도 도움이 된다. 게다가 나의 역사서이고, 더불어 창의력과 글쓰기 실력까지 늘려줄 테니 일석삼조쯤 될까?

작은 모험하기

　헤어스타일이 자주 바뀌는 사람이 있는가 하면, 한가지 스타일만 고집하는 사람이 있다. 그러나 이야기를 나눠 보면 머리를 자르거나 파마를 해서 스타일을 바꿨다가 안 어울리면 어쩌나 겁이 나서 시도하지 못하는 경우인 것을 종종 보았다. 머리카락은 또 자라는데, 설사 어울리지 않아도 몇 달만 참으면 다시 돌아올 텐데 차마 시도해 볼 용기가 없는 것이다. 새로운 헤어스타일이 좀 안 어울린다고 인생에 얼마나 큰 변화가 있을까? 한번 해 보면 될 것을. 아님 말고.

　얼마 전 56년 만에 처음으로 긴 머리를 최대한 뽀글뽀글하게 파마를 했다. 머리에 스트레스를 풀고 싶었는지, 아니면 사는 게 지루했는지는 나도 모르겠다. 아들에게 '파마할까' 얘기했더니 '시골 아줌마처럼 되면 어떡하느냐'고 펄쩍 뛰었다. '아줌마가 되도 서울 아줌마가 되겠지 시골 아줌마는 뭐냐' 우기며 파마를 했다. 놀라는 사람도 있고 괜찮다고 말하는 사람도 있었다. 남들의 반응보다는 그냥 지금껏 해 보지 않은 것들을 한번 해 보고 싶은 호기심의 발동이었다.

　자기만의 고정관념에 사로잡혀 바꾸지 못하는 경우도 있다.

〈작은 모험하기〉, 윤수미

남들이 보면 괜찮은데 '나한테 이러이러한 스타일만 어울려' 라는 고정관념에 빠져서 남들이 예쁘다고 해도 믿지 않는다. 마음을 열고 전문가에게 조언을 구해 보자. 그리고 한 번도 해 보지 않은 새로운 스타일에 도전해 보자. 그로 인해 인생에 새로운 변화가 펼쳐질지 누가 알겠는가?

새로운 길 찾기

 아들 덕분에 미국 보스턴에 한 학기 체류했을 때였다. 먼저 살고 있던 선배한테 아파트에서 학교까지 가는 약도도 받고 한국 마켓에 가는 길도 배웠다. 요즘처럼 내비게이션이 없던 때라 지도를 들고 찾아가야 했다. 어느 날 매일 가던 길과 다른 길을 가보고 싶었다. 같이 가던 선배에게 다른 쪽 길을 가리키며 저쪽으로 가도 마트가 나올 것 같다고 했더니 모르는 길로 갔다가 길을 잃으면 어떡하냐고, 무서워서 싫단다. 선배는 한 학기 동안 살면서 한 번도 다른 길로 가본 적이 없다고 했다. 그런데 그날은 결국 내 주장에 못 이겨 새로운 길에 들어섰다. 가다가 아니면 다시 돌아오면 될 뿐이다. 시작한 곳으로 다시 돌아가 아는 길로 가면 된다. 시간과 휘발유를 조금 손해볼 뿐이다.

 나는 매일 새로운 길을 가 보고 싶다. 목적지로 가는 길에는 여러 가지 방법이 있다. 어느 길이 가장 빠르고 좋은 길인지는 가 보지 않으면 알 수 없다. 가장 빠르다고 가장 좋은 길은 아니다. 시간이 있다면 조금 늦게 가더라도 나무도 있고 예쁜 꽃도 있는 길로 가는 것이 더 기분 좋지 않은가. 조금 돌아서 가더라도 더 행복한 길이 있을 것이다. 나는 늘 시도하고 싶다. 가 보지도 않고 무섭다고

피하거나 미리 포기하고 싶지는 않다. 돌아가게 되더라도 가 보고 싶다. 나중에 후회하더라도 안 가고 후회하는 것 보단 가 보고 후회하는 게 더 낫다.

보스턴에서 한 학기 놀며 배운 것이 하나 더 있다. 누구나 재충전이 필요하다는 것이다. 연예인들이 인터뷰에서 활동하지 않는 기간을 '재충전을 위한 시간'이라고 말하는 것에 쉽게 공감하지 못했었다. 서른 살부터 아이를 키우며 일하느라 쉬어 본 적이 없었는데, 한 학기 동안 아무도 만나지 않고 혼자 책을 읽고 운동하고 한가하게 몇 달을 지내다보니 저절로 몸도 마음도 치유되는 느낌이 들었다. 지금 하고 있는 일에서 벗어나기 힘들다면 낯선 곳을 찾아가 나를 완전히 놓아주는 것도 오래 가기 위해 꼭 필요한 일이다.

나만의 공간 만들기

　자기만의 서재를 갖는 것이 로망인 남자들이 있다. 회사에 출근해서 일을 하며 사람들을 만나고, 퇴근하면 아내와 아이들 틈에서 또 피곤한 저녁을 보내야 하기 때문이다.

　예전에 '사랑과 전쟁'이라는 드라마에서 남편의 외도를 의심하는 아내의 에피소드가 방영된 적이 있다. 잦은 야근과 휴일 출근을 하는 남편이 외도를 하고 있다고 생각한 아내는 급기야 남편을 미행하기에 이르렀다.

　아무것도 모르는 남편은 어느 모텔로 들어가서 한참을 나오지 않았다. 아내는 만반의 준비를 하고 모텔 방을 덮쳤는데, 방 안에서 남편은 혼자 침대에 누워 군것질을 하며 태평스레 DVD를 보고 있었다. 상황이 이해가 가는가?

　이 글을 읽는 남자들 중 남편의 심정을 이해하는 사람이 있을지도 모르겠다. 때로는 혼자이고 싶은 마음을. 어디에서 보니 남자들은 이유 없이 혼자이고 싶고, 여자들은 그냥 울고 싶단다.

　누구나 때로는 혼자 있고 싶고, 혼자임을 만끽할 수 있는 공간이 필요하다. 여자들에게도 물론 그런 공간은 필요하다. 대부분의 가정에서 방 하나를 나 혼자 쓰기는 힘들다. 그러나 많은 공간이 필요하지는 않다. 침실의 한 귀퉁이나 부엌의 한쪽 구석에 작은 테이블이나 의자 하나만 있어도 오케이다.

    종교가 있는 사람이라면 예수님이나 성모 마리아상을 갖다 놓아도 좋다. 명상용 향이나 촛불 하나, 예쁜 크리스털 장식, 곰인형처럼 자기가 좋아하고 아끼는 물건을 두자. 아침, 저녁 짬이 날 때마다 나만의 성소 앞에 앉아서 나를 돌아보고 명상할 수 있는 공간이면 충분하다.

나는 누굴까?

"쟤가 원래 저런 애가 아니었는데……"

내가 커피를 사러 간 사이에 친구 H가 K에게 말했다. 둘 다 나와는 30년 지기 친구이다. 무슨 말인지 몰라 갸우뚱거리는 K에게 H는

"원래 착하긴 했지만 저렇게 다정한 친구가 아니었는데 요즘은 잘 웃어. 너무 친절하고. 잘해 줘서 좋기는 한데 어찌할 바를 모르겠어"

후에 그 얘기를 K에게 전해 들었다.

글쎄, 사람은 바뀔까, 안 바뀔까? '사람은 타고난 천성이 있어서 바뀌지 않는다'라고 말하는 이도 있고, '그냥 생긴 대로 살래'라거나 '이렇게 살다 죽을래'라고 말하는 사람도 있다.

그러나 나는 자신이 깨닫고 노력한다면 바뀔 수 있다고 믿는다. 첫 단계는 내가 나를 똑바로 보고 깨닫는 것이다.

코칭을 할 때 피상담자에게 제일 먼저 하는 질문 중 하나는 '내가 생각하는 나는 어떤 사람일까?', '남들이 생각하는 나는 어떨까?'이다. 내가 생각하는 나와 친구나 동료들이 생각하는 나 사이에는 얼마나 차이가 있을까? 그 차이가 너무 크다면 내가 착각을

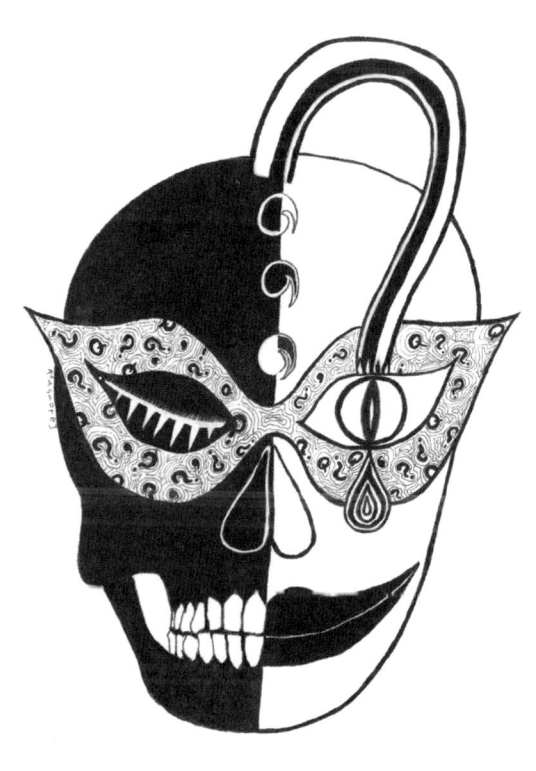

<나는 누굴까>, 이은진

하고 있는 것일 거다.

아니면 내가 어떤 가면을 쓰고 있어서 진정한 내 모습을 사람들이 보지 못하고 있을 수도 있다.

그 질문에 어떤 상담자는 설문지를 작성해서 이메일로 친구들과 같이 일하는 동료들에게 답을 조사해 오기도 했다. 자신의 장점, 단점들을 써서 보내달라고 했는데 그 결과를 보고 자신에 대해 다시 생각해 보는 계기가 되었다고 한다.

주변을 봐도 자신에 대해 잘못 알고 있는 사람들이 매우 많다. 특히 그 사람이 나이가 많고 지위가 높다면 아무도 제대로 말해 주지 않는다. 본인은 이해심 많고 성격 좋은 사람이라고 생각하지만 알고 보면 그냥 그런 척할 뿐. 그러다 보면 진정한 친구들은 떠나고 물질적으로 그를 필요로 하는 사람들만 남는다. 나이가 들수록 외로워 질 것이다.

내가 어떤 사람인지 다시 한번 생각해 보자. 그리고 남들이 나에 대해 어떻게 생각하는지도 물어보자. 그 다음엔 내가 원하는 나는 어떤 사람인지 생각해 보고 그렇게 되려고 노력해 보자.

'사람 고쳐 쓰는 것 아니다'라는 옛말은 명언이다. 남을 바꾸는 것은 정말 어렵다. 그러나 나는 바꿀 수 있다. 깨닫고 노력하는 사람은 바뀔 것이다.

자, 이제 거울을 보자. 나는 내가 생각하던 그 사람이 맞나?

오늘 한 가지 만족을 찾기

어제의 한 가지 즐거움이나 생기지도 않을 내일의 세 가지 즐거움보다 오늘의 하나가 더 소중하다

- 톨스토이, 『살아갈 날들을 위한 공부』 중에서

당신은 오늘 행복했는가? 아니면 미래의 행복을 위해 오늘을 희생했는가?

친한 코치가 말했다. 음악회를 보러 갔다가 '아, 이래서 사람들이 돈을 버는구나' 하는 생각이 들었다고. 그리고 텅 빈 골프장에 서서 멍하니 경치를 바라보는데 '이런 걸 누릴 수 있으면 돈 벌만하구나'라는 생각이 들었다고 말이다. 사람들은 돈 벌어서 여유가 생기면 여행을 가야지, 나도 남들처럼 공연도 봐야지 하고 마음먹는다.

하지만 '나는 아직 그럴 여유가 없어'라고 생각하는 사람에겐 평생 그런 기회는 찾아오지 않는다.

기회는 내가 만드는 것이다. 음악회는 일찍부터 꼼꼼히 찾아보면 적당한 가격에 좋은 자리를 예매할 수 있다.

요즘은 소셜커머스에서도 공연 할인 티켓이 많이 나오곤 한다.

얼마 전 세계적으로 유명한 지휘자의 내한 공연이 있었다. 티켓 값은 몇십만 원을 호가했다. 너무 보고 싶었지만 가격 때문에 망설였다. 그러다가 VIP석의 삼분의 일 가격의 합창석을 예매했다. 오케스트라 뒤쪽에서 지휘자를 정면으로 바라볼 수 있는 자리다. 이 자리에 앉으니 오히려 지휘자가 지휘하는 모습을 자세히 볼 수 있어서 더 좋았다. 그 후로는 비싼 연주회가 있을 때 부지런히 일찍 예매해 싼값에 좋은 공연을 관람할 수 있었다. 여행도 마찬가지다. 천차만별의 수준이 있다. 관심과 약간의 부지런함이 관건일 뿐이다.

어린 시절 "오늘의 할 일을 내일로 미루지 말라"라는 격언을 많이 들었다. 오늘 보고 싶은 공연 미루지 말자. 오늘 보고 싶은 영화 미루지 말자. 지금 가고 싶은 여행 미루지 말자. 물론 할 일을 미루고 놀고 싶은대로 다 놀라는 얘기는 아니다. 오늘 찾을 수 있는 작은 행복을 미루지 말자는 것이다. 지금 무언가를 보면서 느껴지는 감성이 나이가 훨씬 더 든 후에도 똑같이 느껴질 거라고 생각하는가? 어릴 적 보았던 영화를 다시 보면 살아온 인생만큼 이해가 깊어져서인지 더 감동적일 때가 있다. 그때는 느끼지 못했던 것들이 느껴지는 것이다.

하지만 처음 가졌던 풋풋함과 신선한 감동과는 다르다. 나이마다 느끼고 감동하는 것이 다르다. 나이 들고, 돈 벌어서 내가 하고 싶은 걸 다 할 수 있는 그런 때는 오지 않는다. 설사 온다고 하더라도 그때는 이미 흥미를 잃어버린 후이거나 힘이 없어서 아무데도 갈 수 없을지도 모른다.

나는 지금의 내 형편에 맞게 하고 싶은 걸 찾아서 하려고 노력한다. 쓸데없는 지출을 줄이고 하고 싶은 일에 조금 더 집중하면 된다. 머리를 손질하고 피부 관리에 투자하는 대신 공연도 보고 여행도 간다. 지금 느낄 수 있는 걸 놓치지 않고, 감성을 늙게 내버려두지 않기 위해서.

설레지 않으면 늙은 거다. 나이는 숫자일 뿐이다. 그 숫자에 집착해서 나의 감성을 버려두는 것이야 말로 스스로를 진짜 늙은이로 만든다. 나는 나이가 들었다고 설레는 느낌을 포기하고 살지 않으려 노력한다. 원래 감성이 풍부한 편도 아니라서 부단히 노력하며 사는 것이다. 또 세상을 느끼려고 애쓴다. 너무 머리로 살지 않으려고. 계산하고 분석하지 말고 그냥 오늘의 행복에 충실하게 살자.

오늘이 쌓여서 인생이 된다.

하늘 쳐다보기

올 겨울엔 눈이 많이 내린다. 오늘도 눈이 내렸다. 눈이 온 다음 날 아침 하늘은 눈이 부시게 파랗고 청명하다. 아무리 바빠도 잠시 하늘을 쳐다보자.

하루 종일 회사에서 숨도 못 돌리고 정신 못 차리게 바빠도 여유를 찾는 나의 방법이다. 어디론가 멀리 바람 쐬러 나갈 시간이 없을 땐 하늘을 쳐다보며 날씨도 느끼고 바람도 느끼고 나 자신도 느낀다.

아침에 한 번, 저녁에 한 번이면 더 좋겠지. 복잡하고 건조한 서울 시내도 노을이 내릴 때만큼은 아름답다. 정말 가슴 뛰게 아름답다. 내일부터 저녁노을을 한 번씩 바라보자.

내 방 침대를 창가로 옮겼다. 그렇게 하면 아침에 눈만 떠도 침대에 누워서 하늘을 올려다볼 수 있기 때문이다. 다행히 침실 창밖에 뒷마당이 있어 커튼을 열어 놓아도 들여다볼 사람이 없다. 비가 오는 밤에도 창을 열고 빗소리를 들으며 잘 수 있고, 이불을 턱까지 끌어당긴 채로 눈이 내리는 걸 볼 수 있다.

하늘 보기 좋아하고 게으른 나에게 아주 좋은 취미가 하나 생긴 거다.

이불 꼭 껴안고 침대에 누워서 하늘 보기.

〈하늘 쳐다보기〉, 윤수미

혼자일수록 사람 관리 잘하기

    여기서 '혼자'란 가족도 없이 혼자 산다는 의미가 아니다. 결혼했어도 혼자 독립적으로 살 수 있어야 한다는 의미이지만 정말 혼자 산다면, 그럴수록 주변에 사람이 필요하다. 필요를 위해서 사람을 관리하는 건 아니지만, 사람과의 관계를 유지하는 것은 노력이 필요하다. 가까운 사람들에게 항상 잘해야 하는 것은 말할 것도 없거니와 자주 만나지 않는 사람들도 나를 잊어버리지 않게 하는 것이 필요하다.

    요즘은 스마트폰 덕분인지 명절이면 다양하고 귀여운 이모티콘이 가득한 메시지가 시간차로 날아온다. 마음 써 준 것은 알지만 사실 큰 감동은 없다. 심지어 열어 보기 귀찮을 때도 있다. 그렇다면 손으로 일일이 카드라도 써야겠지만 생각처럼 쉽지 않다. 그럴 때는 오히려 명절이나 특별한 때를 피해서 아무것도 아닌 날 문자 하나, 예쁜 이모티콘 하나 날려 보자. 갑자기 비가 온 날도 좋고 눈이 온 날도 좋다. 아니면 그냥 해가 쨍쨍 뜬 날도, 흐린 날도 상관없다. 아무 것도 아닌 무료한 날 용건 없는 안부 인사는 기대하지 않았던 선물이 된다.

    주변을 살펴보면 친구가 많은 사람들이 있다. 그저 부러워할

뿐 그 사람들이 친구들에게 얼마나 신경을 쓰고 노력하는지 살펴보려 하지 않는다. 먼저 연락하고, 먼저 인사하고, 먼저 챙기자. 내가 그들을 잊어버리지 않고 챙기면 그들도 나를 잊지 않는다.

사람들은 지나가는 말처럼 '밥 한 번 먹자' 혹은 '내가 살게'라고 말한다. 그럴 때 나는 다이어리를 꺼낸다. 스케줄을 핸드폰에 저장하고 다니는 요즘은 핸드폰을 꺼낸다.

'그래? 언제?' 그러면 상대방이 당황하기도 한다. 빈말하는 게 싫다. 지키지도 못할 인사치레하는 성격이 아니라 누가 밥을 먹자고 하면 그 자리에서 약속을 정한다. 그러지 않으면 그 '언제 한번'이 몇 달이 될 수도 있고, 몇 년이 될 수도 있다. 아마 오지 않을 공수표일 확률이 더 크다. 정말 같이 밥 먹고 싶은 사람이 아니라면 그런 말 하지 말고 그냥 '안녕' 하고 헤어지면 된다.

오늘은 오랜만에 생각나는 사람들에게 카톡이라도 날릴까?

'안녕, 잘 지내?'

'밥 한 번 먹자.'

'언제가 좋을까?'

'음…'

#〈혼자일수록 사람 관리 잘하기〉, 홍희주

고속도로 휴게소로 여행 가기

　가끔 고속도로 휴게소에 가서 라면 먹기! 어떤 사람은 여행을 가고 싶어도 현실적으로 잘 실행에 옮길 수가 없으니까 여행 가는 기분이라도 느끼기 위해서 휴게소에서 라면을 먹는 것으로 푼다고 한다.

　나도 한번 따라 해 본다. 가장 가까운 만남의 광장 휴게소에 가서 김밥도 하나 시키고, 좋아하는 떡라면도 하나 시켜서 천천히 김을 불어 가며 먹는다. 등산복을 입고 고속버스를 오르내리는 사람들도 구경하고, 부부일까? 불륜일까? 싶은 사람들을 의미심장한 눈빛으로 관찰한다. 멀리 가지 않아도 내 마음은 그들을 따라 길을 떠난다. 휴게소 밖 벤치에 앉아 커피도 한 잔 마시면 금상첨화다. 어디선가 고속도로 메들리도 쿵작쿵작 들려온다.

　어떤 친구는 답답하면 공항에 간다고 한다. 내가 떠나지 않아도 여행가는 사람들을 보며 대리 만족을 하고 온다. 인천공항은 넓어서 속도 시원해지고 맛있는 것도 먹고 기분전환하기에도 충분하다.

오늘은 아니지만 다음에 떠날 여행 계획을 세워 본다. 가을이 되면 백양사에 단풍 보러 가야지. 은행잎이 노랗게 물들면 부석사를 가야지. 눈이 오는 바닷가도 보러 가고 싶다. 가고 싶고 보고 싶은 곳은 백 군데도 넘지만 오늘을 휴게소까지만 만족하자.

〈고속도로 휴게소로 여행 가기〉, 임귀학

생일 챙기기

　혼자 사는 사람일수록 남의 생일뿐 아니라 자신의 생일도 챙겨야 한다. 미리미리 챙기지 않으면 막상 생일 저녁에 혼자 집에서 TV 앞에 앉아 김치에 밥 먹는 사태가 발생한다. 나도 생일이 있는 주는 일주일 내내 친구들과 점심도 먹고 생일 케이크도 잘랐지만 '생일은 특별하게 보내겠지'라는 배려 때문인지 막상 당일에 만나자는 친구는 없었다. 생일 저녁을 함께할 특별한 사람도 없어 결국 당일 저녁엔 혼자 밥 먹는 꼴이 됐다. 그 다음부터는 미리 약속을 배분해서 생일을 함께 보낼 사람들을 정했다. 특별한 사이가 아니더라도 제일 만나고 싶은 사람이면 된다. 편하고 부담 없는.

　생일을 기억하고 있는 친구는 몇 명이나 되는가? 어렸을 때는 친구는 물론이고 내가 아는 사람들의 생일을 거의 다 기억했었지만 요즘은 그렇지 못하다. 하지만 다행히 SNS의 등장으로 알람을 통해 친구의 생일을 알 수 있게 됐다. 나이가 들수록 한 살 더 먹는 것이 축하할 일이 되진 않았지만 서로 챙겨주는 것이 필요하다. 남이 나를 기억해 주기만 바랄 수는 없다. 나부터 친구들의 생일을 기억하고 예쁜 문자라도 한 통 날려보자.

　선물처럼 사람을 행복하게 만드는 것은 없다. 가격에 상관없이

#〈생일 챙기기〉, 유수미

작고 예쁘게 포장된 선물 박스는 언제든 사람을 설레게 하고 행복하게 하는 마술이다. 올해는 생일인 친구를 위해서 작은 초콜릿 한 박스라도 성의껏 예쁘게 포장해 보자. 준비하는 사람의 마음도 행복해진다.

내 생일엔 나를 위한 선물도 준비한다. 50번째 생일을 맞은 나를 위해 올해는 내 책을 선물하고 싶다.

개정판을 준비하고 나면 60번째 생일도 멀지 않았다. 환갑의 나를 위해서 무엇을 하면 좋을까.

단순하게 살기

내 성격을 한마디로 말해 보라고 하면 '단순 무식'이라고 한다. 이 대답에 놀라는 사람들도 있지만 나는 잔머리 굴리지 않고 단순한 게 좋다. 남들도 처음엔 직선적인 내 표현에 당황하지만 조금 지나면 편해진단다. 내가 무슨 말을 해도 그 뒤에 무슨 저의가 있을까 신경 안 써도 되니까. 모든 문제는 내가 생각하기 나름이고 받아들이기 나름이다. 니체의 말처럼 주어진 상황을 바꿀 수는 없지만 그 상황을 받아들이는 방법은 내가 선택할 수 있다.

옛날에 함께 일하던 직원은 머리 아픈 문제로 밤새 고민을 하다가도 아침에 내게 와서 얘기하다 보면 갑자기 그 문제가 별게 아닌 게 되어 버린다고 했다. 작은 문제도 거기에만 집중해서 생각하다 보면 더 심각하게 확대 해석하게 되기도 한다. 조금 떨어져 바라보면 의외로 쉽게 해결될 수도 있다. 주변에 의논하고 싶은 멘토나 롤모델이 있다면 그 사람은 이런 경우에 어떻게 할까 한번 생각해 보는 것도 괜찮다.

주변 상황이나 관계 등 복잡하게 얽혀 있는 것들은 일단 접어 두고 내가 어떻게 하고 싶은지 먼저 생각한다. 내가 뭘 원하는지, 뭘 하고 싶은지, 그래서 어떤 결과가 나오길 바라는지 먼저 생각

하는 것이다. 그것에 장애가 되는 요소들은 해결하거나 무시하기도 한다. 남에게 피해를 주지 않는 한도 안에서 말이다. 거절해야 할 것들을 거절 못하면 인생이 단순해지지 않는다. 필요할 때 남에게 'NO'라고 말하지 못하고 우유부단하게 행동하면 여러 가지가 복잡해진다.

거절하지 못하는 사람, 무조건 참고 끌려가는 사람들을 착하다고 착각하기도 한다. 본인들도 그것이 미덕인 양 생각한다. 그러다가 참지 못할 경계에 이르렀을 때 한꺼번에 폭발한다. 그동안 참아온 것이 대단하다고 얘기할 수도 있지만 상대방은 황당하다. '아무 말도 안 하길래 괜찮은 줄 알았는데 갑자기 이제 와서 무슨 소리냐', '왜 뒤통수를 치냐', '맘에 들지 않으면 진작 말을 했어야지'라는 소리가 나오기도 한다. 무조건 참는 것이 미덕은 아니다. 적절한 소통이 필요하다. 중요한 순간의 거절도 필요하다. 거절 못하고 쭈뼛거리다가 나중에 딴소리 하지 마라.

스스로 결정하기 힘들 땐 '동전 던지기'로 결정을 하는 것이 도움이 된다고 한다. 동전을 던져서 앞면이 나오면 무조건 'NO'라고 말하고 하기 싫은 일은 하지 않는다. 뒷면이 나오면 그냥 하면 된다. 실제로 결정 장애를 치료할 때 쓰이는 방법이다. 무엇을 먹을지 고르기 힘들 때도 동전을 던지면 된다.

남이 원하는 일과 내가 원하는 일을 확실하게 구분하고, 내가 원하는 것에 우선순위를 둔다. 너무 많은 문제를 고민하는 데 시간을 낭비하지 말고 단순하게 살자. 그리고 하고 싶은 일을 하자. 단순하게.

지루해지는 것은 스스로에 대한 모욕이다

프랑스의 소설가 쥘 르나르Jules Renard의 말이다. 사는 것이 때론 지루해질 수도 있다. 시간이 많고 할 일이 없어서만 지루한 것은 아니다. 너무 일에 쫓기며 사는 사람들도 "사는 게 재미없고 지루하다"고 말한다. 매일 바쁜데 왜 지루하다고 느끼는 걸까? 일과 여가의 균형이 맞지 않기 때문이다. 여가를 만들 줄 모르고, 짬이 나도 뭘 해야 할지 모른다. 바빠도 지루하고 한가해도 지루하다. 지금 사는 게 지루하다면 그건 누구 책임일까? 바로 자신의 책임일 것이다. 지루함에 대비해서 평소에 하고 싶은 일의 리스트를 만들어 놓는 것도 괜찮은 방법이다.

'워라밸Work-Life Balance'이라는 말이 유행이다. 그에 따른 부작용도 있다. 워라밸을 맞춘다는 핑계로 일을 열심히 하지 않고 돈이 조금 모이면 놀러 다니고, 또다시 알바 생활을 하고 시간을 허비하기도 한다. 욜로YOLO나 워라밸이라는 말의 진정한 의미를 생각하지 않고 마음대로 해석한 부작용이다. 일과 여가의 균형을 잘 맞추고 한번 사는 인생을 소중히 하라는 것이지 대강 일하고 놀아도 된다는 뜻은 아니다. 한번 사는 인생이니 아무렇게나 살아도 된다는 것은 더더욱 아닐 것이다.

〈지루해지는 것은 스스로에 대한 모욕이다〉, 송미연

여가를 즐길 줄 모르는 사람들은 갑자기 시간이 생기면 뭘 할지 몰라서 고민하다가 아까운 시간을 보내버린다. 인생의 버킷리스트만 만들 것이 아니라 여가를 위한 버킷리스트도 만들어 보자.

지금 예상치 못한 한 시간이 당신에게 주어진다면 어디를 가고 싶은가?

취미도 여가도 미리 준비하지 않으면 즐길 수 없다. 아무것도 좋아하는 것이 없다고 말하는 사람도 있다. 좋아하는 것을 잊고 있을 수도 있다. 젊은 시절에 무엇을 하며 행복해 했는지 한번 생각해 보자. 어느 디자이너는 어릴 때 사진첩을 다시 보았더니 자기가 인형옷을 만들고 있더라고 했다. 나는 패션디자이너가 되진 못했지만 인형옷을 제법 잘 만들었다. 엄마가 다니던 양장점에서 남은 옷감들을 갖다주면 나름 화려하게 디자인을 하고 바느질을 해서 인형에게 입혀 주었다. 사람들이 흔히 취미라고 말하는 독서나 음악 감상도 미리 공부하지 않으면 쉽지 않다. 어떤 책을 읽어야 할지 무슨 음악을 들어야 할지 막막하다. 요즘은 북클럽이나 다양한 동호회들이 많아졌다. 다른 사람들과 같이 해 보는 것도 좋은 방법이다.

자신을 인정하기

삶의 스타일 모아 보물지도 만들기

가위, 풀, 잡지와 함께 스케치북을 하나 산다. 그림을 잘 그리면 좋겠지만, 그건 맘대로 되는 게 아니니까 대신 잡지에서 맘에 드는 사진들을 잘라서 보물지도처럼 자유롭게 붙인다. 매일 맘에 드는 사진들을 하나하나 모으다 보면 내가 갈 길이 보인다. 살고 싶은 집이 될 수도 있고, 추구하는 스타일이 될 수도 있고, 나의 미래가 될 수도 있다.

어릴 때 꿈꿔 봤던 집이 있는가? 저 푸른 초원 위에 그림 같은 집을 짓고 싶은가? 나는 집보다는 멋있는 작업실을 갖고 싶다. 아늑하고 단정한 작업실.

혼자 조용한 음악을 들으며, 커피 한 잔을 옆에 놓고 글을 쓸 수 있는 작업실을 상상한다. 잡지를 보다가 맘에 드는 책상, 책장이 있는 사진들을 보면 잘라서 예쁘게 스케치북에 붙인다. 스케치북이 다 채워지면 꿈이 이루어질 것만 같은 기분이 든다.

또 여행사진을 보면서도 꿈을 꾼다. 다른 세상을 꿈꾸고, 새로운 사랑을 꿈꾸며 아름다운 인생을 그린다. 『꿈꾸는 다락방』의 저자가 말하는 것처럼 꿈을 좀 더 선명하고 구체적으로 꾸면 이루어질 가능성이 훨씬 높아질 것이다.

여행 가서 찍은 사진을 붙이고, 작업실 사진도 붙인다. 여기에 소원하면 꿈이 이루어질 거라는 희망도 같이 불어넣는다. 언젠가 어느 바닷가에서 글을 쓰고 있는 내 모습이 보이는 것 같다.

계획하는 것부터 과정 즐기기

    집 한 채를 지어보면 못 할 것이 없다고들 말한다. 집을 짓는 과정이 얼마나 힘든 일인지 비유한 말이지만, 모든 일의 과정이 얼마나 중요한지도 말해 준다.

    우리의 삶은 꿈을 이루기 위한 과정이다. 그 끝에 꿈을 이루게 될지, 못 이루게 될지는 알 수 없지만 꿈을 위해서 현재를 희생하지 말고 과정을 즐기자. 어찌되었든 성공만 하면 된다는 식으로 결과만 중요한 사람도 있다. 하지만 목표까지 가는 방법도 중요하다. 결과만 보지 말고 준비하는 과정을 즐기는 것이 하루하루를 행복하게 사는 비결 중의 하나인 것 같다.

    여행의 좋은 점은 좋은 곳에 가서 즐거운 시간을 보내는 것뿐 아니라, 여행을 준비하고 계획하는 모든 과정이 행복이라는 것이다. 그 준비 과정이 탄탄할수록 여행의 결과도 더 풍성해진다. 과정이 귀찮다고 무시한 채 그냥 남을 따라가기만 하려 한다면 자신이 누릴 수 있는 행복의 반은 날려 버리는 것이다. 요즘은 정보가 넘치는 세상이다. 인터넷만 찾아봐도 마치 그곳에 갔다 온 것처럼 많은 것을 알 수 있다. 여행은 어디를 갈까 생각하는 것부터 시작이다.

결혼만 하면 성공인가? 그 전의 아름답고 애틋한 연애가 더 행복하지 않은가? 과정을 건너뛰고 결과만 바라는 것은 연애는 생략하고 그냥 결혼하는 것과 똑같다. (사실 나는 그렇게 했다.)

사람이 한 번에 바뀌는 건 쉽지 않다. 하고 싶은 일들을 찾아보고 조금씩 노력해 가는, 매일매일의 작은 변화들을 즐기자.

어릴 때 갖고 싶었던 것

어릴 때 부모님을 따라 갔던 국립공원 입구에는 기념품 가게들이 죽 늘어서 있었다. 나무로 만든 신기한 물건들도 있었고, 장난감도 많이 있었지만 어른들은 쓸데없는 거라며 사 주지 않았다. 학교 앞 문방구에도 늘 재미있는 것들이 우리를 유혹했다. 또 사춘기 시절 쇼윈도 앞에서 구경했던 찢어진 청바지와 반짝이는 블라우스는 또 어떤가.

그 시절 못해 본 게 있다면 지금은 다 할 수 있다. 별다른 쓸모는 없는 기념품도 사고, 예쁜 다이어리도, 유치한 셔츠도 사 입자. 그런 작은 물건들이, 몇천 원밖에 안 되는 기념품들이 우리를 행복하게 만들어 줄 수 있다. 어릴 적 갖고 싶었던 물건 하나를 나에게 허락하는 건 힐링Healing의 효과가 있다. 나에게 작은 행복을 선물하자.

투명한 유리볼 안에 성과 나무가 있고, 그 볼을 뒤집었다 놓으면 안에서 눈이 흩날리는 스노우볼. 뚜껑을 열면 귀여운 발레리나가 춤을 추며 차이코프스키 음악이 흘러나오는 오르골. 사람만큼 커다란 테디베어. 어렸을 때 갖고 싶었던 꿈같은 선물들.

남자 친구한테 사달라고 하고 싶지만, 안되면 내가 사면 된다.

매일 청명한 오르골을 틀어 놓고, 스노우볼을 들여다보며, 어릴 적 추억을 꺼내보자. 그리고 꼬깃꼬깃 접어놓았던 나의 꿈들도 조심스레 열어 보자. 대단한 꿈이 아니라도 괜찮다. 지금부터라도 그 꿈들을 찾아 이루어 가자.

    나의 꿈은 무엇이었을까. 스스로에게 물어보자.

괜찮은 척하지 말자

소개팅을 나갔던 여자들에게 가장 꼴불견인 남자를 꼽으라면 1위가 잘난 척하는 사람이란다. 친구 간에도 주는 것 없이 미운 사람이 꼭 있다. 왜 그럴까 생각해 보면 아는 척, 있는 척하는 애들이다. 얄팍한 지식으로 다 아는 양 우기는 사람이 꼭 있다.

어쩌면 내가 가장 싫어하는 것이 '척하는 것'인지도 모른다. 잘난 척, 아는 척, 부자인 척, 남자든 여자든 어른이든 아이든 상관없이 그런 '척'을 하면 마음에 들지 않는다.

나도 '척'하지 않으려고 노력하지만 딱딱한 말투와 조금은 차가워 보이는 외모 때문인지 편견을 가진 사람들에게 상처도 많이 받았다. 워낙 그런 일에 단련이 되어서인지 오히려 고등학교 때부터는 남들이 뭐라 해도 담담하게 되었다.

그런 나도 한 가지 '척'하는 것이 있다. '괜찮은 척'이다. 힘들어도 괜찮은 척, 외로워도 괜찮은 척. 알아주는 사람 없어도 괜찮은 척. 왜 그랬을까? 어쭙잖은 자존심이었을까? 그런지도 모르겠다. 어떤 사람은 얼굴에 지난밤 부부 싸움을 했는지, 은행 잔고가 어떤지 다 씌어 있다고도 하는데 내 마음이 어떤지는 표시가 잘 안 나는 모양이다. 외로움은 타의에 의한 것이고, 고독은 자의적이라고

들 말한다. 나는 외롭고 싶지 않아서 고독을 택한 것 같다. 고등학교 때 다른 애들은 공부해야 하니까 같이 영화를 보러 갈 수 없었다. 그래서 나는 혼자 영화를 보러 다니고, 책도 읽고 음악도 들었다. 결혼 후에도 일만 아는 남편이 바쁘면 그러려니 하고 내 일만 열심히 했다. 대부분의 주부들이 일상적으로 앓고 있는 감정 같은 건 무시하고 살았다. 일부러 외로움을 느낄까봐 더 바쁘게 살았던 건가 싶다. 그러다 보니 난 무엇이든 혼자 하는 것에 익숙해졌다.

내가 힘들어도 위로해 줄 사람도 없고, 누가 대신 해 줄 수도 없었다. 징징거리느라 시간을 낭비하면 그만큼 내 인생만 처량해진다는 생각이 들어서 항상 괜찮은 척, 씩씩한 척 그렇게 살았다.

감정을 표현하지 않고 다른 사람들에게 의지하지 않고 살려고 발버둥 쳤다. 그러나 문제는 참고 참았던 감정들이 그냥 소화되어 사라지는 게 아니라 내 마음속 어딘가 꽁꽁 뭉쳐 있다가 예상치 못한 곳에서 봇물처럼 터져 버린다는 것이다.

몇 년 전 동생이 갑자기 세상을 떠났을 때도 나는 그것을 원망하지도, 충분히 슬퍼하지 못했다. 아무도 없는 빈소를 혼자 지키고 장례를 치르면서 나는 황당한 심정으로 화를 내고 있었던 것 같다. 그러다 2년쯤 지났을까, 〈만추〉라는 영화를 보다가 동생이 살던 시애틀이 배경으로 나오는 것을 보고 영화를 제대로 보지 못할 정도로 펑펑 울다가 집으로 돌아왔다. 집에 와서도 눈물이 멈추지

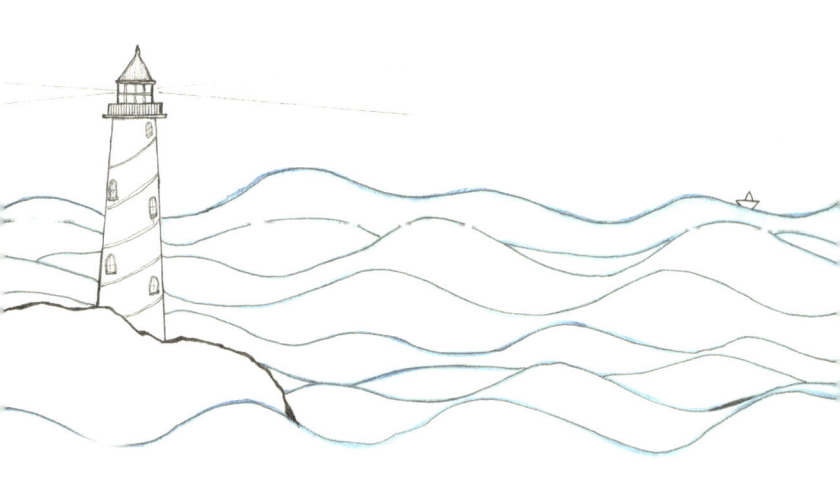

〈단순하게 살기〉, 이은진

않아 하루 종일 눈이 퉁퉁 붓도록 울었다.

　평생 처음 있는 너무 당황스러운 일이었지만 그 후로는 슬픔도 원망도 좀 치유된 느낌이었다. 슬퍼해야 할 일은 충분히 슬퍼하고 내 감정을 바닥까지 들여다보고 상처는 치료해 주어야 한다. 괜찮은 척하고 그냥 넘어가면 잠시 동안은 괜찮을지 모르지만 언젠가는 폭탄처럼 터지게 된다.

　그러면서 또 하나 깨달은 사실은 남이 힘들 때 이해하는 척 하면 안 된다는 것이다. 섣부른 위로는 하지 않는 것이 낫다. 겪어보지 않으면 절대 알 수 없는 고통이 있다. 남의 인생에 대해 아는 척하지 말자. 코칭을 할 때도 최대한 공감해 주려고 하지만 내가 그 사람이 되어 보지 않은 이상 다 알 수는 없다. 어설픈 말로 위로하기보다 그냥 옆에 있어 주는 편이 나을 때도 있다. 이제는 괜찮은 척 안 하고 슬프면 펑펑 울고, 힘들면 옆 사람에게 기대며, 속에 쌓아 두고 썩히는 것 없이 다 풀어 가며 살고 싶다. 그런데 남 얘기 들어 주고 상담하는 게 직업인데, 내 얘기는 누가 들어 주지?

비움의 의미

어느 날 남편이 조금 일찍 퇴근했다. 밖에서 무슨 일이 있었는지 낯빛이 안 좋아 보였다. 갑자기 부엌에서 '우당탕탕' 큰 소리가 났다. 놀라서 내다보니 남편은 씩씩대며 냉동실에 있는 것을 몽땅 꺼내고 있었다.

냉동실 문을 열어보니 텅 비어 있었다. 며칠 전부터 오래되고 쓸데없는 음식들이 많다며 잔소리하던 남편이 결국 냉동실에 있던 것들을 죄다 꺼내서 버려 버렸던 것이다. 정리해야지 했었지만, 버리기엔 아까운 것들도 많고 금방 또 쓸 것 같아서 선뜻 손을 대지 못했었다.

그런데 이상한 것은 그다음 날부터 아주 홀가분하고 편했다. 냉동실이 텅 비어 있으니 새로운 음식을 넣기도 좋았다. 막상 다 버리고 나니 그 안에 뭐가 들어 있었는지도 잘 생각나지 않았다. 뭐든 없으면 없는 대로 살아지나 보다.

그때 알았다. 비우려면 확실하게 비워야 한다는 것을. 인생도 그렇게 다 비워 내야 다른 걸 담을 수 있는 게 아닐까. 비우는 연습이 필요하다면 당장 오늘 냉장고 정리부터 해 보자.

사람에 대한 미련과 기대도 비워야 관계가 좋아진다. 내가 좋

아하는 사람에게 해 주고 싶은 만큼만 해 주고 그 보상은 바라지 않는다. 내가 원해서 한 일에 대가를 바라면 실망하고 원망하게 된다. 가족에게도 마찬가지다. 그 대신 하기 싫은 걸 억지로 해 줘서도 안 된다. 마땅치 않으면 하지 말라. 친구가 부탁하는 것을 차마 거절하지 못하고 돌아서서 그를 욕하는 건 어리석은 일이다. 사랑하는 사람이라면 그저 퍼 주어라. 그가 똑같이 해 주지 않는다고 불평하지 마라. 내가 사랑해서 해 준 거니까. 받는 것보다 주는 게 더 행복한 것이 사랑이다. 욕심도 기대도 비우고 사랑으로 다시 채우자.

요청하자 : Ask

  키가 2층 높이 정도 되는 커다랗고 육중한 대문이 굳게 닫혀 있다. 열쇠를 두고 나온 것이다. 항상 열려 있는 문이라 잠깐 슈퍼에 다녀오려다 그리 된 것이다. 친구와 나는 비엔나Vienna에서 아파트형 호텔을 열흘간 렌트해서 지내는 중이었다.

  유럽의 아파트들은 빌딩에 대문이 있고 대문 옆에 초인종 같은 벨들이 호수대로 나란히 있다. 대문을 들어가면 또 중간 현관이 있고 층마다 각각 집들이 있다. 처음 들어온 날 집주인이 대문은 항상 열려 있지만 아주 가끔 잠길 때가 있으니까 열쇠를 꼭 가지고 다녀야 한다고 했었다. 그날 저녁은 집에 들어왔다가 열쇠가 든 가방을 놓은 채 지갑만 들고 슈퍼에 간 것이 문제였다.

  10월 말의 비엔나 날씨는 생각보다 훨씬 추웠고 밤이 되자 인적도 뜸해졌다. 우리는 한동안 사람이 지나갈 때마다 혹시 여기로 들어가진 않을까 하고 기다렸지만 매번 그냥 지나가 버렸다. 무슨 대책을 세워야 했다.

  "주인한테 전화해서 와 달라고 할까?"

  그날은 토요일 저녁이었다. 주말 저녁 쉬고 있는 사람한테 오라고 하면 반겨줄 리 없을 터였다.

"아, 아니면 아무 집이나 눌러서 열어 달라고 할까? 근데 영어로 해도 알아들을까?"

나는 이런저런 방법을 찾아보려 했다.

"주인한테 여기까지 오라고 하긴 미안하고, 다른 사람들은 우리를 모르니 열어 줄까? 말도 안 통하는데"

하지만 친구는 추워서 입술이 파래지고, 나중에는 얼굴까지 노래져서도 여전히 망설이고 있었다. 나는 일단 주인에게 먼저 전화를 했다. 사정을 얘기하자 주인은 이웃집 인터폰을 눌러서 부탁해 보라고 했다. 당연히 근처에 있는 것도 아닐 텐데 집에서 편히 쉬다가 열쇠 들고 쫓아오긴 싫을 게 뻔했다. 주인의 말을 들은 친구는 난감해 하더니 나를 보며 말했다.

"그거 말고 또 다른 선택이 하나 더 있어. 그냥 누가 들어갈 때까지 기다리는 거야"

나한테 그런 선택은 없었다. 생각도 안 해본 아이디어였다. 결국은 내가 층마다 벨을 눌러보기로 했다. 한 네 집 정도 벨을 누른 후에야 누군가 인터폰을 받았다. 호텔에 묵고 있는 사람인데 열쇠를 안 가지고 나왔다고 설명하자 바로 '찡' 하고 문이 열렸다. 허무할 정도로 쉽게.

한 삼십 분은 대문 앞에서 서 있었던 것 같다. 코가 시리고 손발이 차갑게 얼었다. 집으로 뛰어 들어가니 따뜻함에 몸이 노곤해졌다. 이것도 여행의 추억이 될까 싶은 생각이 들었다. 친구는 자기 혼자 있었으면 생각해 볼 필요도 없이 누가 올 때까지 마냥 기다렸을 거라고 했다.

인생은 선택의 연속이다. 마냥 기다린다고 해서 문이 저절로 열리진 않는다. 그러나 두드리면 생각보다 쉽게 문이 열릴 때도 있다. 고민만 하지 말고 누구에게든 도움을 청해 보자. 의외의 곳에서 해결될 수도 있다.

Say "No" : "안 돼요"라고 말하기

　어떤 남자가 식당 카운터에 혼자 앉아 식사를 하고 있었다. 그런데 종업원이 옆 사람 그릇을 치우다 떨어뜨리는 바람에 머리부터 옷까지 음식이 다 튀었다. 그것도 식사 후 음악회에 가려고 차려 입은 거였는데 말이다.

　종업원은 죄송하다며 어쩔 줄 몰라 하고 그 분은 순간 화를 내야 하나, 괜찮다고 해야 하나 아무 생각도 나지 않아 멍하니 아무 말도 못하고 있었단다. 그러다가 갑자기 소심하게 복수가 하고 싶어져 아무 말 않고 먹던 걸 그냥 두고 나왔단다. 괜찮다고 말하지 않은 것이 복수라고. 물론 음식 값도 계산하고서. 그 후에 생각해 보니 그건 복수기 이니었고, 자신이 니무 바보 같아서 화가 났다고 했다.

　그래서 내가 말했다 "화를 내거나 무조건 '괜찮아요' 하는 거 말고 다른 선택도 있어요. 웃으면서 할 말은 하는 거죠. 나 같으면 '식사하고 음악회 가야 하는데 어쩌나?' 하며 화를 내진 않지만 할 말은 다 하고 음식 값은 지불하지 않고 나왔을 거예요"라고.

　무조건 참는 게 미덕은 아니다. 나의 시간을 침범하거나, 내 감정을 무시하고 상처를 주는 사람에게 올바르게 대처할 수 있어야

<"Say No" : "안 돼요"라고 말하기>, 김송미

한다. 내가 발전하기 위해선 내 주변에 적정한 공간이 필요하다. 물리적으로나 정신적으로도 내가 커 갈 수 있고 나를 지킬 수 있는 공간이 있어야 한다. 남이 내 공간을 자꾸 침범한다면 그에게 말하자. '여기까지야'라고. 싫은 건 싫다고 말하고, 안 되는 건 안 된다고 말하자. 공정하지 못한 부탁, 강요에 가까운 부탁을 할 수 없이 들어주고 밤새 혼자 스트레스 받고 억울해 하는 짓은 이제 그만하자.

말하자. "안 돼, 그렇게 해 줄 순 없어"라고.

스타일 찾기

꼭 친구들과 같이 쇼핑하길 좋아하고 누군가에게 물어보고 동의를 얻어야 물건을 사는 사람들이 있다. 자신의 안목을 믿지 못해서일까? 옷이 나에게 어울리는지 다른 사람에게 물어보고 확인 받아야 한다면 그건 누구의 스타일인 걸까?

나는 혼자서 하는 쇼핑을 더 좋아하지만 가끔 친구랑 지나가다 옷을 보게 되는 경우면 친구가 말한다.

"저거 네 스타일이다!"

별거 아니다. 심플하고 편하고, 상의가 좀 길어서 엉덩이는 가려주는 등이다. 컬러풀한 원색은 잘 입지만 무늬가 있는 옷은 거의 안 입는다. 주얼리 디자인을 할 때부터 생긴 습관이다. 심플한 단색 옷을 입어야 어떤 주얼리도 잘 어울리기 때문이다. 당신이 주얼리숍을 한다면 옷을 단정하게 차려입고 그에 어울리는 주얼리를 착용하고 있어야 손님 맞을 채비가 된 것이다. 나는 지금은 그 일을 하지 않지만 내 스타일은 그대로 심플한 단색이다.

학교 다닐 때 배운 것처럼 TPO_{Time, Place, Occasion}에 맞는 패션에 신경을 쓴다. 초대를 받으면 그 장소에 어울리는 차림이 초대한 사람에 대한 예의이기도 하다. 가끔은 기분 전환을 위해서 혼자

차려입을 때도 있다. 평소에 안 바르던 새빨간 매니큐어도 발라 보고, 반짝반짝한 옷을 꺼내 입어 보기도 한다. 옷차림에 따라 걸음걸이도 그날의 기분도 달라진다.

혼자 미술관을 갈 때는 배낭을 메고 걷기 편한 차림으로 집을 나선다. 산책도 할 겸 미술관을 둘러보고 아트숍 구경도 하고, 근처 조용한 카페에서 커피를 마시며 책도 읽는다. 음악회를 갈 때는 혼자라도 최대한 우아하게 원피스를 입고 하이힐을 신는다. 나와의 데이트다.

무조건 비싼 옷보단 입었을 때 편하고 나에게 맞는 옷을 찾는 시도가 필요하다. 좋은 상표가 아니라 내가 좋아하는 옷. 브랜드를 포기하면 '나'라는 브랜드가 생길 것이다.

자신을 인정하기

 울보가 되었다. 어렸을 때는 드라마를 보다가 운 적도 거의 없을 정도였다. 슬픈 영화를 보러 가도 다른 여자들이 손수건 꺼내 훌쩍거리면 고개를 갸웃거리고 있었다.
 "뚝, 남자는 울면 안 돼"
 "남자가 울면 고추 떨어진다"
 "남자는 일생에 세 번 우는 거다"
 남자들은 어릴 때부터 이런 얘기를 들으며 세뇌가 되어서인지 울면 찌질하고 자존심 상하는 일이라 생각하고 참는다. 나도 남들 앞에서 우는 게 불편하고 창피해 참았다. 독하다는 소리를 들을 만큼 참고 살았다.
 그러던 내가 달라졌다. 나이가 들면 다 울보가 되나? 어떤 사람들은 나이가 들면 세상의 때가 묻어 감정이 메말라 버린다고도 하는데, 나는 마음이 더 약해졌나 보다. 아니면 감정에 더 솔직하려고 노력하기 때문인지도 모르겠다.
 아버지와 동생이 어느 날 갑자기 세상을 떠나고, 남편과도 헤어지고 나서는 한동안, 아니 지금도 멍하니 생각에 잠기면 바로 눈물이 흐른다. 배우들은 우는 연기가 힘들어서 인공 눈물을 넣고

연기하곤 한다는데 나는 생각만 하면 눈물이 주르륵 흐르는 일들이 많아져서인지 요즘 같아선 우는 연기가 제일 쉬운 것처럼 느껴진다. 괜히 내 인생이 억울하고 가슴 아파서 울고 또 울었다. 우는 연기 전문 배우나 할까 싶었다.

이렇게 내 안에 있는 물을 다 쏟아낼 듯 울다 보면 오히려 마음이 편해지기도 한다. 나를 묶고 있던 사슬이 풀린 것처럼 가슴도 시원하게 뚫린다. 앞으론 기쁨도 슬픔도 사랑도 마음껏 표현하고 살리라.

오늘도 다른 이의 수필을 읽으며 운다. 울보가 좋다.

나에게는 감정을 받아들이는 것이 나를 받아들이는 것이다.

문 앞에 서서 내려놓고 문 열기

오랜만에 마트에 가서 장을 봤다. 대형 마트에 가면 종류도 다양하고 포장도 예쁘고 커서 견물생심이라고 동네 슈퍼에 갔을 때보다 더 많이 사게 된다. 양손으로 다 들기도 힘들게 봉투를 많이 갖고 집에 돌아왔다. 낑낑거리며 엘리베이터를 타고 겨우 현관문까지 왔는데 문을 열 수가 없다. 어떡해야 할까? 너무 쉽다. 봉투를 모두 바닥에 잠시 내려놓고 현관문을 열면 된다.

인생도 마찬가지다. 내가 원하는 곳에 들어가려면 잠시 내려놓으면 된다. 인생 고비를 넘어가려면 양손 가득 짐을 들고는 높은 고개를 넘어갈 수 없다. 문 앞에서 짐을 내려놓아야 문을 열 수 있는 것처럼 우리 욕심도 내려놓아야 인생의 문턱도 넘어갈 수 있다. 내려놓지 못하고 버티다간 가진 걸 다 엎어버릴 수도 있다. 그런데 인생의 욕심을 잠깐 내려놓는 일은 왜 이렇게 어려울까?

냉장고를 비우듯이 내 마음도 비워 보자. 마음이 가벼워지면 몸도 가벼워지고 고비를 넘기기도 쉬워질 것이다. 나이가 들수록 가볍게 살고 싶어진다. 물건들도 비워야 하지만 가족에 대한 과한 책임감도 조금 내려놓고 그들이 홀로 설 수 있게 하자. 나에게 더 많은 시간과 노력을 투자하자. 그런데 문제는 몸이 가벼워지질 않네. 나잇살이 빠질 생각을 안 하니……

〈문 앞에 서서 내려놓고 문 열기〉, 조애심

〈나만의 공간 만들기〉, 나현정

사생활결핍증후군 : 재충전

회사에 가면 동료들과 일에 시달리고 집에 돌아오면 애들을 봐야 하고, 혼자 있을 시간과 공간이 없다. 현대인은 너무 개인주의에다가 개인 생활만을 존중한다고 말하지만 정작 오롯이 혼자 있을 시간조차 없는 것이다. 사생활을 만들고 즐길 여유가 없다.

혼자 있는 시간이 절대적으로 부족하기 때문에 사색할 시간이 없고, 명상을 할 시간이 없다. 에너지를 쓰기만 하고 충전을 시키지 않으니 사람이 메말라 간다. 아들이 중학생이 됐을 때 하던 일을 쉬고 미국 보스턴에서 한 학기를 지냈다. 아무것도 하지 않고 아무도 만나지 않고. 그때 알았다. 혼자 있는 시간들이 나의 에너지를 충전시켜 준다는 것을.

의도적으로 일주일에 한 두 시간은 철저하게 혼자 있는 시간을 만들자. 그렇지 않으면 사생활결핍증후군에 걸린다. 정체성을 잃어버리고 삶의 방향도 잃어버리기 쉽다. 내가 올바른 방향으로 가고 있는지 생각해 보자. 전자 제품만 충전이 필요한 게 아니다. 사람도 에너지 충전이 필요하다.

내 경우엔 여행을 하면 충전이 된다. 그럴 시간이 없다면 하늘만 쳐다봐도 얼마쯤 충전이 된다. 자기만의 충전 방법을 찾아보자. 혼자 할 수 있는 충전법.

기다리는 즐거움

요즘은 핸드폰이 있어서 약속이 펑크 나거나 오래 기다릴 일이 별로 없어졌다. 약속 시간에 늦을 것 같으면 미리 연락하면 되고, 약속 시간이 지났는데 친구가 안 나타나면 전화해 보면 된다.

핸드폰도 삐삐도 없던 80년대 대학 시절에는 약속을 하고 친구가 안 나타나면 한 시간 넘게 기다리기 일쑤였다. 나는 시간을 철저하게 지키는 성격이어서 더 그랬다.

유난히 느긋한 친구가 있었는데, 기다리다 집으로 전화하면 그때서야 준비를 하고는 했다. 약속 시간에 늦는 것도 습관이라 그 친구와의 약속에는 일부러 좀 늦게 나가야겠다고 생각했는데도 나는 성격상 그게 잘 안됐다.

한 시간, 두 시간씩 기다리는 동안 나는 작은 수첩을 꺼낸다. 항상 낙서할 수첩을 가지고 다녔다. 수첩을 꺼내서 백지를 펼치고 기다리는 동안 그 주변을 묘사하고 뭐든 끄적이다 보면 짜증내지 않고 친구를 기다릴 수 있었다. 일기도 쓰고, 편지도 쓰고. 옛날부터 나는 손으로 쓰는 걸 참 좋아했다. 그것이 발전해서 책을 쓰겠다고 생각했는지도 모를 일이다.

노트를 좋아했다. 지금도 서재 책꽂이 한편엔 돌아다니며 모아 놓은 예쁜 다이어리들이 가득하다. 새 노트의 맨 처음 하얀 페이지를 펼치면 가슴이 설레고 기분이 좋았다.

매일 일기를 쓰고 여행을 갈 때는 여행 노트를 가지고 다니고, 평소에도 항상 작은 수첩을 가지고 다녔다. 어디선가 무엇을 기다려야 하는 시간이 생기면 수첩을 꺼내 낙서를 한다. 돌아다니다 생각나는 아이디어도 그때그때 적어 놓는다. 나중에 써야지 하지만 지나가면 금방 잊어버린다. 나이가 들수록 건망증이 심해지니 메모하는 습관이 있어 다행이다. '적자생존'이라는 누군가의 말이 실감난다. 적는 자가 살아남는다.

그러나 회사를 다니거나 집안일을 하다 보면 일부러 시간을 내서 글을 쓰거나 메모를 하는 것도 쉽지 않다. 눈앞에 해결할 일들이 산더미라 하루해가 훌쩍 넘어갈 때도 있다. 약속 시간에 늦는 사람을 기다리느라 짜증내며 내 에너지를 소모하기보다 바빠서 미처 못 했던 아이디어를 메모하고, 다이어리 정리도 하며 유용한 일에 자투리 시간을 활용해 보자.

즐겨찾기의 재구성

 당신의 컴퓨터 즐겨찾기에는 무엇이 저장되어 있는가? 누구나 자신의 관심사가 거기에 저장되어 있다.

 이 글을 쓰고 있는 노트북의 즐겨찾기를 열어 보았더니 메일을 쓰고 있는 포털사이트 몇 개와 인터넷 서점, 공연 티켓 등을 살 때 보는 사이트, 그리고 여행사이트가 저장되어 있다. 여행에 관련된 여행사, 호텔 예약 사이트나 각종 여행 정보를 담고 있는 외국 사이트들도 있다. 아, 풍월당, 클럽 발코니 등 음악에 관련된 폴더도 하나 있다.

 자신의 즐겨찾기를 다시 한번 살펴보자. 뭔가 새로운 분야에 관심을 가지고 시도해 보고 싶은 게 있다면 그 정보들을 즐겨찾기에 추가하자. 즐겨찾기 리스트에 추가해 놓으면 지속적으로 관심을 가지는 데 도움을 준다.

 올해는 무엇이 하고 싶은가. 악기 연주일 수도 있고, 전시 보기, 육아 혹은 재테크에 대해 공부하기로 정한 사람도 있다. 하고 싶은 일들을 찾아서 즐겨찾기를 재구성해 보자. 새로운 일상이 시작될 수도 있다.

언제 어디서나 나만의 작품 사진 만들기

언제부터인가 디지털카메라 열풍이 불기 시작하고 너도나도 사진 찍기가 취미인 세상이 되었다. 밖에 나가 보면 모두 아마추어 사진작가라도 되는 양 고급 디지털카메라를 하나씩 메고 있다. 나는 너무 비싸서 엄두도 안 나는 것들이다. 내가 작가도 아니고 작품 사진 팔아서 돈 벌 것도 아닌데 저렇게 비싼 카메라를 어떻게 사나 하는 생각도 든다.

예전에는 여행 다닐 때 작고 가벼운 디카를 가지고 다녔는데, 지금은 카메라가 따로 필요 없을 정도로 '폰카'의 성능이 좋아졌다. 그런데 안타까운 것은 사람들이 핸드폰으로 사진을 찍으면서도 그 기능에 별로 신경 쓰지 않는다는 것이다.

핸드폰 카메라를 켜고 기능 버튼들을 하나씩 다 눌러보기 바란다. 웬만한 디카만큼 많은 설정들과 다양한 효과를 선택할 수 있다. 피사체나 밝기에 따라서 사진 기능을 선택해 최상의 사진을 찍을 수 있다. 일반 카메라처럼 노출이나 화이트 밸런스는 물론이고 재미있는 특수 효과를 줄 수 있는 기능도 많이 있다.

포토샵을 잘할 줄 몰라도 핸드폰에 포토샵 어플을 설치해 두면 유용하게 쓸 수 있다. 여러 개의 사진을 합치는 것은 물론 다양한

효과를 줄 수 있는 재미있는 포토샵 어플이 아주 많다. 사진을 스케치처럼 바꿀 수도 있고, 색을 앤티크 풍으로 바꿀 수도 있다.

나는 모든 전자제품을 사면 일단 매뉴얼북을 꼼꼼하게 읽는다. 그런 다음 모든 기능을 눌러 보고 시험해 본다. 핸드폰을 바꾸고도 자기 전화기를 어떻게 사용하는지 모르는 사람들이 많다. 특히 나이가 많을수록 더 그런 경향이 있다. 특별히 복잡하거나 어려운 것도 없는데 찾아보지 않아서 모르는 경우가 대부분이다. 스마트폰이 확산되면서 백화점 문화센터만 가도 스마트폰 사용법 강좌가 많이 생긴 걸 보면 말이다. 귀찮으니 아예 시도해 볼 생각을 하지 않고, 스스로 하기보다 누가 가르쳐 주기를 바란다. 그건 자신 스스로를 할머니, 할아버지로 만드는 일이다. 나이 들어도 다 할 수 있다. 어렵지 않다. 단지 매뉴얼을 보기 위해 돋보기를 껴야 하는 작은 불편함이 있을 뿐이다.

특히 SNS를 하는 사람들에겐 핸드폰으로 사진을 찍는 것이 더없이 편하다. 나도 인스타그램이나, 페이스북 등을 하다 보니 핸드폰으로 사진을 찍어서 그 자리에서 바로 글과 함께 올리기도 한다. 물론 SNS를 보다 보면 매일 먹는 음식과 너무 일상적인 사진의 홍수에 질릴 때도 있지만, 어쨌든 이왕 친구들 보라고 올리는 사진이니 예쁘게 좋은 사진을 찍어보자. 핸드폰 카메라의 기능을 다시 잘 훑어보고 나만의 작품 사진을 남겨 보자.

새로운 친구 만들기

갤러리를 운영하면서 일 년간 문화예술 CEO과정을 들었다. 매주 한 번씩 수업을 할 때마다 학교에서 책상에 랜덤으로 이름표를 놓아두어 새로운 사람과 짝이 되었다. 대체로 50대에, 회사 대표를 하는 분들이었지만 아무도 내게 먼저 인사를 하거나 말을 거는 사람이 없었다. 내가 먼저 인사를 하고 말을 걸면 그때서야 대답이 돌아왔다. 속으로 '내가 그렇게 무섭게 생겼나?' 하는 생각이 들기도 했다.

내가 아는 건설회사 대표는 몇 년 동안 함께 오페라 수업을 듣는 사람들에게 말을 걸기가 쉽지 않다고 했다. 같은 수업을 들으니 공통 관심사도 있고 할 말을 찾기도 쉬울 텐데, 먼저 인사하거나 말을 붙이면 상대방이 어떻게 생각할지 걱정이 된다고 했다. 내가 물었다. 반대로 다른 사람이 말을 걸면 기분이 나쁘냐고. 아니, 그러면 고마울 것 같단다. 그럼 다른 사람들도 마찬가지 아닐까? 먼저 아는 척하기가 쑥스러울 뿐이다.

그런 사람들을 보면서 느꼈다. 자기 사업을 하고, 다양한 분야에서 활동을 하는 사람이라도 실제로는 다른 사람과의 커뮤니케이션에 어려움을 느낀다는 것을. 그게 사람을 사귀는 요령인지

아니면 사람을 대하는 매너인지 모르겠지만, 아마 둘 다 일 것이다. 예부터 음주가무를 즐겼던 우리나라의 문화적인 특성 때문일까. 술자리에선 금세 친해지기도 하고 상대를 좀 더 편하게 느낀다. 그런데 막상 일상적인 자리에선 자기와 다른 분야의 사람들을 만나면 대화를 잘 이어 가지 못하는 경우가 많다. 아마도 자기 일과 골프, 술 외에 다른 관심사가 없어서 그런지도 모르겠다.

누구를 만나든 부드러운 대화를 위해서는 다양한 문화적인 경험이 필요하다. 외국인에게도 통하는 공통 화제는 역시 음악, 미술 등 문화적인 관심이다. 그런 것이 어려워서 싫다면 제일 쉬운 화제는 음식일 것이다. 맛있는 음식, 좋은 레스토랑을 싫다 할 사람은 별로 없다. 상대방에게 맞는 화제를 꺼내고 대화하는 방법. 그것도 현대 사회에서는 필요한 능력이고 기술이다. 그래서 든 생각이 대화를 못하는 남자들에게 커뮤니케이션에 대해서 가르쳐 줄 필요가 있겠다는 것이었다.

상대방이 어떻게 생각할까 고민하느라 버스가 떠난 뒤에 손 흔들지 말고 먼저 웃으면서 인사하자. 웃는 얼굴에 침 뱉을 사람은 없다. 가끔 먼저 인사해도 무표정으로 뚱한 사람이 있긴 하지만 그럼 그냥 '어디가 아픈가 보군', '오늘은 컨디션이 안 좋은가?'라고 생각하자. 작은 일에 상처받고 신경 쓰면 새로운 친구 사귀기는 영영 시도해 볼 수 없다.

집중하기(몰입)

『몰입』이라는 책을 쓴 미하이 칙센트미하이 Mihaly Csikszentmihalyi 는 '사람들은 뭔가에 몰입할 때 행복을 느낀다'고 말한다. 자기가 좋아하는 일에 몰입한다면 그건 가장 행복한 순간일 것이다. 여자들에게 남자가 가장 멋있게 보이는 때는 자기 일을 열심히 하고 있을 때라고 한다. 본인이 행복하니 멋있어 보이는 것이 아닐까. 뭔가에 집중하는 것은 스스로 행복을 느낄 수 있는 동시에 남에게도 멋있어 보이는 순간이다.

코칭 스터디 모임에서 '몰입'에 대해 함께 공부하다가 실험을 해 보았다. 무작위로 매 두 시간마다 문자를 해서 각자 무엇을 하고 있고, 몰입도가 얼마인지를 체크한 것이다. 하루를 실험하고 돌아보니 내가 하루라는 시간을 얼마나 충실하게 쓰는지, 또 그때마다 내가 얼마만큼의 만족감을 느끼는지 알 수 있었다. 혼자라면 핸드폰 알람을 맞춰 놓고 알람이 울릴 때마다 내가 얼마나 그 순간에 몰입하고 있었는지 체크해 보는 것도 재미있는 실험이 될 것이다.

세상은 공평하지 않다. 사람마다 다른 부모, 다른 외모를 가지고 태어난다. 훌륭한 부모를 만나서 좋은 조건에서 자라기도 하고, 잘생긴 외모 덕을 보기도 한다. 그러나 모두에게 공평한 것이 하나

있으니 그것은 시간이다. 모두 공평하게 하루에 24시간이 주어진다. 그 시간을 어떻게 쓰는지는 우리의 선택이다. 오늘, 지금 이 시간에 무엇을 하고 있고 얼마나 집중하고 있는지 생각해 보자. 혹시 넋 놓고 있거나 확실치도 않은 남의 뒷담화를 하느라 시간을 낭비하고 있지는 않은가. 남에게 관심 가질 시간에 나에게 집중하자. 내가 하고 싶은 일에, 해야 하는 일에 집중하자. 남보다 나에게 집중하는 것 그것이 내가 행복해지는 방법이다.

남도 로맨스일 수 있다

'남이 하면 불륜이고 내가 하면 로맨스'라는 말이 있다. 극단적인 표현이지만 그만큼 나에게만 관대하고 남에게는 엄격한 잣대를 들이대는 불공평한 심사를 가진 사람들이 많다. 남의 연애사에 왜 그렇게 관심을 갖는지 몰라도, 자기 일이 아니라고 함부로 말하는 경우가 너무나도 많다. 연예인에 대한 가십도 마찬가지다. 아니 땐 굴뚝에서 연기가 나기도 하고 그래서 사람을 죽이기도 하는 게 말의 힘이다.

운전하다 다른 차가 끼어들면 소리 지르며 험한 욕을 하는 경우도 많다. 자기도 급하면 생각 없이 끼어들고 새치기한 적도 있으면서 지금 내 앞에 끼어드는 차는 그냥 넘기지 못한다. 뭐 그렇게 성낼 일이라고 욱하고 소리를 지르는지 나로서는 참 모를 노릇이다. '누구나 그럴 수 있다'는 걸 잊지 말아야 한다.

남의 행동이나 말을 사사로운 것으로 받아들여 흥분하는 사람들도 있다. 상대방의 말투가 원래 무뚝뚝할 수도 있고, 그냥 별 의미 없이 던진 말일 수도 있는데 과민 반응을 한다. 그런 사람은 식당에서 종업원이 조금만 불친절하다고 생각하면 '감히 나에게?'라며 흥분을 하기도 한다. 당신에게만 그런 게 아니라 누구에게나

그런 사람이다. 그저 '그만큼밖에 안 되는 사람'이라고 생각하면 된다. 자기에게만 그러는 것처럼 열 받을 필요는 없다. 남들의 무례한 행동을 개인적인 모욕이라고 오버해서 받아들일 필요 없다는 말이다. 그러면 스트레스 받는 일도 훨씬 줄어들 것이다.

다른 사람을 나의 입장에서 한 번만 생각해 보자. 나에게만 말도 안 되게 관대하고, 남에게는 말도 안 되게 불공평한 적은 없는지. 내가 하는 게 사랑이라면 남이 하는 것도 사랑일 것이다.

혼자 행복 찾기

    누군가와 함께 있어야만 행복하다면 그것은 진정한 행복이 아니다. 혼자여도 행복해야 한다. 외롭다고 생각할 때 그것을 치유하는 방법은 수동적인 것과 능동적인 것 두 가지다.

    전자는 외로움에 지쳐 우울에 빠지거나, 술에 의지하거나, 사람에 의지하는 것이다. 반면 후자는 자신과 함께하는 고독을 즐기기 위해 창의적인 방법을 찾는 것이다. 당연히 나는 후자를 권한다. 취미 활동을 하거나, 여행을 하거나, 혼자 즐길 수 있는 거리는 얼마든지 있다. 물론 처음부터 혼자 즐기기는 쉽지 않다. 잘 지내다가도 문득 외로워진다. 하지만 누가 있어도 인생 외롭기는 마찬가지다.

    니체F. W. Nietzsche는 '고독은 우리를 강인하게 만들고 사람의 성품을 향상 시킨다'고 했다. 고독 속에서 행복할 수 있어야 성찰도 할 수 있고, 성장할 수 있기 때문이다. 작가인 안톤 체호프Anton Chekhov는 '외로움이 두려우면 결혼하지 말라'고 말했다. 외로워서 결혼하려고 한다면 결혼하지 마라. 요즘 결혼 적령기가 늦어지다 보니 30대 중반을 넘기고도 솔로인 선남선녀가 무척 많다. 그런 친구들을 만나면 외로워서 결혼하고 싶다고 우는 소리를 한다.

〈혼자 행복하기〉, 김송미

나이가 있으니 섣불리 연애도 못하겠고 처음부터 결혼할 사람과 연애를 시작하고 싶다고 말한다. 그럴 거면 차라리 심플하게 연애만 해라. 결혼하면 더 외롭다. 옆에 남편이 있는데도, 아내가 있는데도 이해하고 공감 받을 수 없다면 더 힘들어질 뿐이다. 혼자서 외로움을 뛰어넘지 못하면 결혼해도 행복할 수 없다. 결혼해서 외로운 것보다 즐거운 고독이 낫다. 혼자서도 행복할 때 결혼하라. 그러면 둘이서도 행복할 테니까.

늦지 않았다

나는 주인공이다

내 인생은 누가 사는 거지? 너무 당연한 질문을 하는 것 같은가? 당연히 내 인생은 내가 사는 것이다. 그러나 강의를 하면서 '지금까지 자기 인생의 모든 선택을 본인 의지로 했다고 생각하는 사람'이 있는지 물으면 많아야 서너 명이 손들 뿐이다. 그럼 나머지 사람들은 누가 인생을 대신 살았을까?

누구 때문에, 누구를 위해서, 할 수 없이, 어쩌다 보니, 상황에 밀려서. 당신도 그렇게 살지 않았나 생각해 보자. 삶은 누구를 위해서 사는 게 아니다. 부모가 바라는 인생을 사는 것 또한 효도가 아니다. 나를 위해서 살자. 그래야 후회도 없고, 원망도 없다.

내가 행복해야 가족들도 행복하게 해 줄 수 있다. 특히 엄마가 행복해야 집안이 평안하다. 아이를 위해서, 남편을 위해서 희생하지 마라. 상대방이 원하지도 않는 희생을 자처하지도 말고 아무도 강요하지 않는 희생을 사서 하지 마라. 나중에 원망하게 된다. 지나간 세대의 어머니들처럼 '내가 너를 어떻게 키웠는데'라든가, '네가 나한테 어떻게 이럴 수 있어'처럼 영화 대사같은 말을 하게 되는 상황은 정중히 마다하자. 물론 엄마는 가족들을 위해서 최선을 다해야 하고 대부분의 엄마들이 그러하지만, 그것은 엄마가 먼저 행복하고 난 후에 할 일이다.

코칭을 하다 보면 사람들이 중요한 선택을 앞두고 나에게 묻는다.

"어떻게 하면 좋겠냐"고.

그때마다 나는 되묻는다.

"어떻게 하고 싶냐"고.

인생에서 중요한 선택을 해야 한다면 그때만큼은 철저히 이기적으로 생각하라고 말하고 싶다. 나를 위해서 어떻게 사는 게 행복한지 먼저 생각하고 결정하라.

당신에게 다시 묻겠다.

"진정으로 원하는 삶이 무엇인가"

"남은 시간을 어떻게 살고 싶은가"

오페라에 프리마 돈나가 있는 것처럼 내 인생의 주인공은 오로지 '나'여야 한다. 내가 선택하고 원하는 대로 살아야 실패하더라도 거기에서 배울 수 있고, 다시 시작할 수 있다. 남들이 하는 얘기에 흔들리고 시간 낭비하지 말자. 그들이 내 인생을 대신 살아 주지 않는다. 남들이 하는 대로 따라 했다가 실패했다고 동정해 주지도 않는다. 모든 책임은 나에게 돌아오는 것이다. 그러니 선택은 나를 위해 해야 하고, 만약 실패하더라도 다시 일어서면 된다. 실패는 성공의 어머니라는 구태의연한 말처럼 그렇게 인생을 배우면 된다.

케세라세라 : 아님 말고

아님 말고. 내가 아주 많이 쓰는 말이다. 무엇이든 어떤 일이든 해 보고, 아님 말고.

언뜻 듣기에는 시도했던 뭔가를 너무 쉽게 포기하는 것처럼 들릴지 모르지만 그런 뜻으로 하는 말은 아니다. 해 보지도 않고 겁을 내거나 '안 될 거야'라고 생각하는, 바로 그것을 떨쳐내기 위한 것이다. 되든 안 되든 일단 '난 할 수 있어'라고 생각하고 될 때까지 최선을 다해 본다. 그래도 안 되면? 아님 말고.

해 보기도 전에 자신 없어서, 겁이 나서 미리 포기하는 건 바보 같지 않은가?

인생은 그리 길지 않지만 너무 조급히게 살 필요도 없다. 하고 싶은 것은 다해 보고 아니면 다시 돌아오면 된다. 한 우물을 파야 성공한다는 옛날 어른들 말이 21세기에도 맞을까? 나는 성공하지 못해도 내가 하고 싶은 것은 다해 보면서 살고 싶다. 남들이 성공이라 부르는 잣대를 맞추지 못해도 괜찮다. 남들 보기에 답답해도 괜찮다. 왜 저러고 살까 손가락질해도 괜찮다.

요즘 수필 쓰기를 배우러 다닌다고 말하니 대단하다고 하는 사람도 있지만 황당해 하는 사람도 있다. 정말 끝없이 별거 다한다

〈케세라세라 : 아님 말고〉, 김송미

고 생각하는 듯싶다.

　서른 살 정도부터였을까? 십 년 뒤에 뭐가 되어야 하나? 고민이 생겼다. 그 덕에 30대, 40대에는 열심히 일하면서 원하는 꿈들을 이루어 가며 살았다. 십 년 계획을 세우고 일 년 목표를 정하고. 그렇게 살다가 오십이란 나이가 되면서 내 책을 써야겠다는 황당무계한 목표를 정했다. 글이라고는 학교 다닐 때 썼던 리포트와 일기 쓰는 것이 다였는데, 밑도 끝도 없이 책을 낸다니.

　내가 생각해도 너무 막막하고 현실성이 없어서 고민을 하다가 수필을 배우기 시작했다. 다행히 누구 말처럼 전생에 나라를 구했는지 훌륭한 선생님과 좋은 선배님들을 만났다. 그러나 수필 쓰는 게 그리 쉽게 생각할 일이 아니라는 것을 깨닫고 '올해 책 쓰기'라는 그 당시의 목표는 몇 년 뒤로 훌쩍 미뤄 버렸다. 제대로 써야 할 것 같아서였다. 내 멋대로 끄적인다고 다 글이 되지 않음을 깨달았다. 또한 소박하고 진정성 있는 문학인 수필에 매력을 느껴 제대로 쓰고 싶은 욕심이 생겼다.

　이것만은 '아님 말고'로 끝나지 않고 죽을 때까지 계속할 수 있는, 진정한 나의 일이 되기를 바란다.

　꿈이 이루어지려면 아주 구체적이고 선명하게 그림을 그려야 한단다. 그래서 오늘도 눈을 감고 상상한다. 십 년 뒤에는 지중해 어느 바닷가에서 글을 쓰고 있는, 작가가 된 나의 모습을.

〈카이로스로 전환하기, 멈추면 비로소 보이는 것들〉, 김송미

카이로스로 전환하기
느리게 살기 : 멈추면 비로소 보이는 것들

바닥이다. 아니, 바닥을 향해 내려가고 있었다. 어떤 작가는 바닥이 있어 위안이 되고, 넘어져도 짚고 다시 일어날 수 있다고 했지만 허우적거리는 사람은 어디가 바닥인지 모른다. 보이지 않는다.

몇 년 전, 남편이 하던 사업을 다 정리할 때 바닥이라고 생각했다. '그래 지금이 최악이야'라고. 하지만 거기는 끝이 아니었다. 어디가 바닥인지도 모르는 채 미궁을 몇 년 동안 헤매었다.

때때로 주변에 어려움 없어 보이는 친구들이 부럽기도 했다. 그러나 한편으로 그들은 도대체 무슨 생각을 하고 사나 싶기도 했다. 매일 같은 친구들을 만나서 밥 먹고 수다 떨고 골프 치고…… '그들의 인생에도 목표라는 것이 있을까' 싶기도 했다.

그런 모습들을 보며 스스로를 위로했다.

'그래 내가 낫다'

지금이 바닥이든, 더 깊은 수렁이 있든 나는 다시 스프링처럼 치고 올라갈 거니까. 바닥으로 떨어지지 않았다면 옆이 있다는 것도 몰랐을 것이다. 주변을 돌아보는 여유도 없이, 세상엔 나보다 더 가슴 아픈 사람들이 많다는 사실도 모르는 인생이 아니었을까?

―
카이로스 : 흐르는 시간에 새롭게 의미를 부여하고 해석하는 주관적인 시간.

가슴 졸이고 불안한 몇 년을 보냈지만, 철없이 세상모르고 살았던 때보단 지금이 좋다. 세상살이의 어려움도 알고, 더불어 사는 방법도 알게 됐다. 작은 재주지만 '코칭Coaching'이라는 일을 빌려 고민 있는 사람들의 얘기를 들어주고, 상담을 통해서 사람들의 인생을 긍정적으로 바꾸어 줄 수 있어서 좋다. 죽고 싶다는 말을 입버릇처럼 하던 사람이 코칭을 받은 후 다시는 그 말을 하지 않게 되었을 때 '이 일을 하길 잘했구나' 하고 느낀다.

이제 바닥을 딛고 하늘을 올려다본다. 요즘처럼 눈물 나게 아름다운 봄날. 내 가슴속도 푸르름으로 채운다. 하늘을 향해 내 몸의 가지를 힘껏 뻗어 본다.

'올라가자, 올라가자, 다시 올라가자~'

누군가 말했다. 행복해지려면 천천히 걷고, 천천히 말하면 된다고. 천천히 하는 게 어려운 사람도 있을 것이다. 남자들은 군대를 다녀오면 밥 먹는 속도가 빨라진다고 한다. 갈수록 세상은 더 빠르게 변하고 우리는 그 속에서 달리기를 하고 있다. 모두 디지털 세상이 되어 이메일도 아닌 모바일 메시지로 모든 소식과 안부를 대신한다. 편리해진 것이 꼭 좋아졌다고 할 수는 없다. 나는 아직 삐뚤어도 손으로 쓴 편지가 좋다. 삶의 속도를 잠깐만 늦춰 보자. 천천히 생각하고 천천히 말하면 쓸데없는 말도 덜하고 실수도 덜하게 된다. 천천히 나를 다시 돌아보고 주변도 돌아보자.

매일 진화하기

송년모임에서 KT 계열사 사장으로 있는 분을 만났다. 오랜만이라 어떻게 지내시냐고 물었더니 "진화를 했다"고 했다. 자기는 죽을 때까지 진화할 거라고. 그 말을 듣고 내가 "다른 사람들은 나이를 먹으며 늙어가는데, 아직도 진화해서 좋으시겠다"고 했더니 그분은 웃으며 말했다.

"50년 만에 운전면허증을 땄다"고. 그동안 회사차를 이용하느라 운전을 안 하고 버텼는데 이제서야 운전을 배워서 면허증을 땄단다. 그러니 진화한 거라고 하셨다. "나는 코칭 배워서 자격증 땄으니 진화한 거네요" 하며 나도 같이 웃었다.

대단한 일을 해야만 진화한 긴 아니다.

나이 들었다고 아무것도 안하고 포기하며 있지 않고 오늘 책 한 페이지라도 읽었다면, 시 한 줄 읽고 감동했다면 그게 바로 진화한 거다. 나도 매일 죽을 때까지 진화하며 살기로 했다. 매일 책을 읽고 음악을 듣고 그렇게 진화해 간다.

자기계발 전문가에 의하면 사람들이 회사에서 일하는 이유는 월급이 다가 아니라 스스로 발전하고 있다는 성취감 때문이란다. 그런데 어떤 분이 그 말을 듣고 처음에는 정말 공감이 갔는데 곧

회의감이 들었다고 말했다. 젊었을 때는 회사에서 인정받고 발전하는 것이 좋았지만 40대가 되고 관리직으로 승진하다 보니 업무적으로 발전하고 있다고 느껴지지 않는다는 것이다. 그럼 자기는 더 이상 발전하지 않는 게 아닌가 하는 회의가 생겨 고민이라고.

발전이란 꼭 무엇을 얻는 것만이 아니다. 나이가 들고 그동안 얻은 것을 후배들에게 나누어 주고 가르쳐 주고, 그렇게 의미 있는 사람이 되어간다면 그 또한 행복한 일이다. 얻으려고만 하지 말고 나누어 주는 사람이 되면 어떻겠느냐고 했더니 그 생각을 미처 못했다고 행복해하며 돌아갔다.

여행 가서 산 옷

 서랍 속 옷을 정리하다 보니 서울에서 한 번도 못 입은 티셔츠가 나왔다. 무슨 소리냐고? 여행 갔을 때 눈에 띄어서 샀는데 돌아오니 너무 튀어서 못 입게 된 옷이다. 외국에서는 아는 사람도 없고 다시 볼 일 없는 사람들이라는 생각에 모든 것에서 좀 더 자유로워진다. 행동도, 옷차림도 더 편해진다. 서울에선 못 입어 본 가슴 파인 옷이나 짧은 옷을 입어 볼 용기도 솟는다. 그런데 이제는 그림의 떡이다. 다시는 입을 일이 없을 것 같지만 여행의 추억이 묻어 있어서 버리지도 못한다. 여행 가서 받은 안내서와 티켓이 담긴 박스 속에 추억과 함께 다시 넣어 고이 모셔 두게 되는 것이다.

 하지만 가끔 일상이 지루하고 탈출하고 싶을 때, 여행을 떠나고 싶을 때, 그 옷들을 꺼내 입어 본다. 코스프레를 하는 사람들처럼 나이에 맞지 않는 옷을 입고 집 안 소파에 앉아 음악도 듣고 차도 마신다. 일상을 벗어나는 방법은 여러 가지가 있다. 꼭 집 밖으로 나가지 않아도 된다.

 집에 있다고 추리닝을 입고 있을 필요는 없지 않은가. 구름 끼어 우울한 주말이면 화사한 새 신부 같은 홈웨어를 꺼내 입어 보자. 그런 옷이 어디 있냐고? 그럼 갖고 있는 옷 중에 가장 촌스럽고

〈여행 가서 산 옷〉, 문은희

화려한 꽃무늬 옷을 찾아보자. 레이스 달린 옷도 괜찮다. 밖에 나갈 때는 도저히 할 수 없는 60년대 화장법 같이 파란 아이섀도우에 새빨간 립스틱도 발라본다. 그러고 뭘 하냐고? 여느 일요일처럼 책도 보고 TV도 본다. 창 밖에서 집 안을 들여다보는 사람이 있다면 도깨비 같은 화장을 하고 화려한 옷을 입고 혼자 돌아다니는 여자가 무서울지도 모르겠다. 하지만 나는 혼자 있다. 내 맘대로 할 수 있는 내 집에.

예쁘게 상 차려 먹기

 손님이 오는 것처럼 상을 차린다. 냉장고에 남은 반찬도 예쁜 접시에 다시 담고 찌개도 냄비가 아닌 아담한 뚝배기에 옮겨 담는다. 반찬통을 통째로 놓고 찬밥에 물 말아 먹는 모습은 드라마에 나오는 억척스런 아줌마에게나 양보하자. 길 가다가 누가 아줌마 하고 부르면 화를 내면서 집에서는 아줌마같은 행동을 잘도 한다.

 혼자일수록 나를 존중하자. 과일을 먹을 때도 깎던 칼로 과일을 집어 먹는 그런 섬뜩한 짓은 하지 말자. 과일은 예쁘게 깎아서 접시에 담고 손을 씻고 여유 있게 먹는다. 조금 귀찮아도 습관 들이기 나름이다.

 영화에서 아침에 사랑하는 사람에게 베드 트레이에 향기 좋은 커피와 토스트, 장미 한 송이까지 꽂아서 침대에 갖다 주는 배 아픈 장면을 본 적이 있을 것이다. 설사 옆에 사랑하는 남편이 있다고 해도 제정신으로 그런 짓을 하는 한국 남자는 별로 없다. 게다가 나는 혼자다. 그렇다면 내가 하면 된다. 햇빛이 좋은 날을 골라서 창문을 활짝 열고 커피에 토스트, 맛있는 과일까지 예쁘게 깎아서 침대로 가져간다. 음~ 심호흡 한번 하고 우아한 침대의 아침을 즐기자. 영화 〈티파니에서 아침을〉에 나오는 잔잔한 음악이라도

〈예쁘게 차려 먹기〉, 문은희

틀어놓으면 더욱 좋겠다.

옛날 어른들 말에 집에서 대접을 받아야 나가서도 대접 받는다고 했다. 내가 나를 스스로 귀하게 여겨야 남에게도 대접 받는 사람이 된다.

오늘 저녁엔 와인을 따르고 촛불도 켜야겠다. 꼭 연인이 있어야만 로맨틱한 저녁을 보낼 수 있는 것은 아니다. 누가 보면 혼자 미친 사람 같으려나?

양보할 수 없는 나만의 사치

　어떤 사람들은 열 받거나 우울하면 쇼핑으로 스트레스를 푼다. 비싼 옷을 사거나 가방을 사기도 한다. 나는 물건에 대한 욕심이 별로 없는 편이기도 하지만 충동구매 후에 쓴 돈을 생각하면 스트레스가 더 쌓인다. 그래서 명품 대신 꽃을 산다. 우울하면 꽃 시장에 가서 예쁘고 화려한 꽃들을 실컷 구경하고 두 팔 벌려 가득 안을 수 있는 만큼 꽃을 사는 것이다.

　집에 오면 온 집 안이 꽃향기로 가득해진다. 금방 시들어 버릴 꽃을 사는 게 더 사치고 낭비라고 할 수도 있다. 그러나 누구나 양보 할 수 없는 나만의 사치 하나 정도는 가져도 괜찮지 않은가. 내게는 십만 원어치의 꽃으로 온 집 안을 뒤덮는 것이 스트레스 해소 방법이다.

　또 다른 스트레스 해소법은 목욕이다. 목욕탕에 뜨거운 물을 가득 받아서 라벤더 향의 입욕제도 넣는다. 영화처럼 장미 꽃잎으로 욕조를 가득 채우지 않아도 충분히 행복하다. 가끔은 향기 나는 초를 주변에 켜 놓기도 한다. 약속 없는 혼자만의 일요일엔 두 시간 정도 한강을 걷고 집에 돌아와 뜨거운 욕조에 몸을 담그면 하루가 우아하게 마무리 된다. 따뜻한 물에 근육도 풀어지고 마음도 말랑말랑해진다. 주말의 지루함과 외로움을 해소하는 방법이기도 하다. 일주일 동안 고생하고 경직됐던 몸과 마음을 한꺼번에 쉬게 해 주자.

〈양보할 수 없는 나만의 사치〉, 유수미

나에게 투자하기

　비싼 옷이나 가방을 사는 것을 자신에 대한 투자라고 생각하는 사람들이 있다. 그러나 비싼 옷이 자신의 가치를 높여 주지는 않는다. 남들이 보기에 잠깐은 멋있어 보일 수 있어도 그것이 자신의 마음을 채워주지는 못 한다.

　'진화한다'는 것은 배우고 익혀서 내 것으로 만드는 것이다. 외면의 아름다움보다 나의 내면에 투자하는 것. 그것이 진정한 진화이다. 나를 위해서 책 한 권을 읽고 공연 한 편을 보고, 여행을 하고, 내 감성이 늙지 않도록 투자를 한다. 성공하기 위해서가 아니라 잘 나이 들기 위해서. 웰빙뿐만이 아니라 웰다잉하기 위해서.

　명품이 내 가치를 만들어 주지는 않는다. 비싼 옷을 입고 훌륭한 매너를 지닌 우아한 사람이라도 한 십분만 얘기를 하다 보면 그 무식함에 갖고 있던 이미지가 확 깨질 때도 있다. 외모에만 투자하지 말고 내면을 위해서 무엇을 할 수 있는지 생각해 보자. 비싸지 않아도 나에게 어울리는 옷을 입고 다른 사람을 배려하며 좋은 인상을 줄 수 있는 향기 있는 사람이 되고 싶다. 나이가 들수록 외모가 평준화된다는 농담이 있듯이 아무리 예쁘고 화려하게 치장해도 젊은이들을 이길 수 없다. 하지만 외면이 내면에서 우러나오는

⟨나에게 투자하기⟩, 문은희

매력을 능가할 수는 없다. 진정한 나에게 투자하자.

    자기 관리는 꼭 필요한 일이라고 생각하지만, 나는 당분간은 자연 그대로 놔두기로 했다. 노안이 온지 오래 됐지만 아직 안경을 쓰지 않고 있다. 시력이 좋아서 그럭저럭 버틸만하다. 흰머리도 무척 많아졌는데 염색하지 않고 두었다. 언제까지 버틸 수 있을지는 모르겠다. 괜한 오기로 버틸 때까지 버텨보기로 했다. 누구는 말한다. 지금의 내가 되기 위해서 얼마나 많은 투자를 했는데 그것을 없애버리느냐고. 우리나라 사람들은 젊어 보이는 외모에 지나치게 집착하는 경향이 있다. 집착을 버리고 나이에 맞게 곱게 늙어 보자.

잠자는 물건에 자유를 찾아 주기

    사람에게 숨 쉴 수 있는 공기가 필요하듯이 물건이나 집도 숨 쉴 수 있는 공간이 필요하다. 풍수 전문가의 조언에 따르면 집안에도 방향에 따라 정해진 운이 있어서 그곳에 짐이 많이 쌓여 있으면 그 운이 막힌다고 한다. 그 방향에 쌓여 있던 물건들을 치웠더니 막혀 있던 일이 풀렸다고도 한다.

    냉장고만 정리할 게 아니라 집도 다시 한번 둘러보자. 쓸데없는 욕심으로 지나치게 많은 물건을 묵혀 놓고 살지는 않는지. 내가 안 쓰는 물건을 버리는 것은 아까운 게 아니라 그 물건에게도 새로운 주인을 찾아 주는 것이다.

    물건들도 자신을 필요로 하는 주인을 찾아야 숨을 쉰다. 그러면 답답했던 집도 숨을 쉬고, 그래야 사람도 숨을 쉰다.

    나보다 필요한 사람들에게 나누어 주자. 날을 정해서 물건들을 정리하고 주변에 마땅히 줄 사람이 없으면 아름다운 가게나 명동성당 재활용센터에 보내자.

    그곳에선 물건들을 깨끗이 손질하고 팔아서 좋은 일에 쓰니 나에게도, 숨 막히던 물건에게도 얼마나 행복한 일인가?

    건강한 신체에 건강한 정신이 있다고 했던가. 집도 정리가 되

⟨잠자는 물건에 자유를 찾아 주기⟩, 이효연

어야 일이 잘 된다. 책상도 정리가 돼야 글이 써진다. 주기적으로 책상 위를 비우고 정돈한다. 그래도 얼마 가지 않아서 복잡해진다. 자질구레한 문구류, 영수증, 각종 고지서들까지. 마음잡고 책상부터 치워야 글이 써진다.

나는 내가 평가하기

나를 제대로 알자. 다양한 심리 테스트를 통해서 알아보는 방법도 있고, 친구들이 나를 어떻게 생각하는지 객관적인 얘기를 들어볼 수도 있다. 그러나 가장 중요한 것은 자기 성찰을 통해 내가 어떤 사람인지 바로 아는 것이다.

내가 나를 제대로 모르면 남이 조금만 뭐라고 해도 금세 흔들리게 된다. 남의 비판에 쉽게 좌절하고, 가벼운 사탕발림에 우쭐하면서 자기의 중심을 잡지 못한다. 남의 말에 흔들리지 말고 나는 내가 평가하자. 남들이 마음대로 나를 판단하고 나의 가치를 매기는 것을 방치하지 말자.

내가 내 인생의 주인공이듯 나에게 가장 중요한 사람 역시 '나'여야 한다. 나의 가치는 내가 정하는 것이다. 남들이 만들어 주는 허상에 휘둘리지 말자. 남들이 마음대로 나를 과대평가하거나 과소평가하게 놔두지 말자.

그러면 남들이 쉽게 말하는 소리에 신경 쓸 필요도 없고 상처받을 일도 별로 없다. 나는 어릴 때부터 학교 친구들에게 욕을 많이 먹어서인지 언제부터인가 면역이 생겼다.

이제는 남들이 나에 대해서 없는 소리를 하고 뒷담화를 해도 얼마나 심심하면 그럴까 싶을 뿐 별로 열 받지 않는다. 그럴 시간에 자기 할 일에 더 집중하면 좋으련만. 내가 나의 중심을 견고하게 세우면 남의 말에 흔들리지 않는다.

할일 없는 사람들이 나에게 뭐라고 하든 나는 소중하니까. 조금 이기적이어도 괜찮다. 남에게 신경 쓰느라 인생을 허비하는 것보다 나에게 충실하게 사는 것이 낫다.

그저 웃지요

　우리는 갈수록 각박해지는 세상을 살고 있다. 길을 가다가도 큰 소리 내는 사람들을 자주 보게 되고, 식당에서도 어린 종업원에게 반말을 하거나 막말을 하는 중년들이 꽤 있다.
　아마 나도 예전에는 그랬을지 모르겠다. 차가워 보이는 인상 때문에 가만히 있어도 화가 난 것 같아 보이기도 하고, 첫인상이 별로 좋지 않다는 말도 많이 들었다. 하지만 나이가 들수록 '인생 뭐 있어?'라는 생각에서인지, 잘 늙고 싶다는 생각에서인지 까칠한 성격도 많이 누그러들었다. 사람들에게 먼저 다가가 인사하고 웃고, 웬만한 일에는 화를 내거나 찌푸리는 일은 안 하려고 한다.
　어느 날 수업이 끝나고 주차장에 한꺼번에 사람들이 몰렸다. 연세가 좀 있으신 주차관리 아저씨는 혼자서 많은 차를 찾아 주느라 정신이 없었고, 오래 기다려야 했던 사람들은 아저씨에게 짜증을 내기 시작했다. 하필이면 날씨도 더워서 서로 얼굴을 붉히고 만 것이다. 나도 약속이 있어 마음이 급했지만 화를 낸다고 달라질 것도 없는 상황이어서 포기하고 끝까지 느긋하게 기다렸다가 아저씨에게 웃으면서 '혼자 하시느라 너무 힘드시겠어요'라고 말했더니 그제서야 아저씨도 정신을 차리고는 "아, 오늘따라 한꺼번에

〈그저 웃지요〉, 조애심

사람들이 몰려서…… 너무 기다리게 해서 미안합니다"라며 웃으셨다.

인도 사람들은 버스를 타고 가다가 길이 망가져 몇 시간을 기다려도 화를 내거나 짜증내는 사람이 없다고 한다. '모두 신의 뜻이려니'라고 생각하는 것도 있지만 화를 낸다고 달라지는 것도 아닌데다가, 자신의 건강만 해친다고 생각하기 때문이다. 나도 인도 사람 같은 여유를 가지려고 항상 노력한다. 서울이 인도처럼 천천히 돌아가는 곳은 아니지만 마음만이라도 천천히 가자.

건강을 위해서도 사소한 일에 목숨 걸지 말자. 화부터 내지 말고 잠시 한 번만 숨 돌리고 얘기하자. 다시 생각해 보면 큰일도 아닌데, 큰 소리를 내고 나면 상대방은 물론 나도 기분이 나빠지고 건강에도 좋지 않다. 상대방을 배려하는 마음도 있어야 하겠지만 나를 위해서라도 웃자. 화를 내는 사람에게 먼저 웃으며 다가가면 그도 곧 미안해한다. 내가 행복해지기 위해서 웃는다. 행복해서 웃는 게 아니라 웃으니까 행복한 거라고… 누가 말했지?

반성은 YES, 후회는 NO

　대학을 졸업하자마자 부모님이 원하는 대로 소개 받은 남자와 3개월 만에 결혼했다. 나는 '결혼은 도박'이라고 생각한다. 적어도 내 인생에서는 그랬다. 몇 번 만나지도 않고 손도 못 잡아 본 남자와 결혼식장에 들어갔으니 말이다.

　대학 생활 동안 미팅도 소개팅도 한번 안 해 보고 연애 경험도 없이 뭘 믿고 순진하게 덜컥 결혼이라는 걸 했는지, 지금 생각하면 어떻게 그렇게 무모한 결정을 했는지 모를 일이다. 요즘 같아서는 젊은이들에게 먼저 살아 보고 결혼하라고 권하고 싶다.

　하지만 어떻게 내린 결정이든 내가 선택했기에 실패했다고 해서 후회는 없다. 항상 현재에 최선을 다하며 살았다.

　물론 지나고 돌아 보면 잘못한 것도 많지만, 반성하고 다시는 같은 실수는 하지 않겠다고 다짐했다. 내 사전에 반성은 있어도 후회란 없다.

　부모님이 반대하는 결혼을 두고 고민하고 있는 젊은이들을 보면 안타깝다.

　반대를 무릅쓰고 사랑하는 사람과 결혼을 했어도 현실에 부딪혀 서로 원망하고 헤어지는 경우도 있고, 부모님 뜻대로 결혼했다

〈반성은 예스, 후회는 노〉, 홍희주

가 서로 맞지 않아서 부모 때문이라고 탓하는 경우도 많이 있다. 부모의 뜻이나 조건에 앞서 이 사람과 어떤 어려움이 있어도 감수하고 평생을 함께 할 수 있을까를 먼저 생각하고, 스스로 결정했으면 좋겠다. 그러면 설사 어려운 일이 생기고, 혹시 실패하게 되더라도 남을 원망하거나 후회는 하지 않을 테니까.

'십 년만 젊었으면' 하는 푸념을 종종 듣는다. 지금 현재의 지식이나 경험을 가지고 십 년 전으로 돌아간다면 더 잘 살 수 있을 거라는 생각에서다.

그렇게 과거를 잡고 있느니 십 년 뒤에 같은 말을 하지 않도록 지금 더 잘 사는 게 중요하지 않을까?

나는 개인적으로 참 어려운 40대를 보냈다. 절대 십 년 전으로 돌아가고 싶지 않다. 나는 항상 지금이 가장 행복하다. 현재는 내가 만들 수 있으니까.

오늘을 행복하게 만드는 사람이 되자. 더불어 옆 사람도 함께 행복하게 해 줄 수 있는 사람이 된다면 얼마나 훌륭한 일인가. 내 인생의 전성기는 스무 살도 서른 살도 아닌 항상 현재다.

아무것도 아닌 자존심

사랑하는 사람들 사이에서, 소중한 사람들 사이에서 가장 필요 없는 건 자존심이다. 흔히 자존감과 자존심을 혼동하는 경우가 많다. 남에게 고개 한번 숙인다고 내 가치가 떨어지는 것은 아니다. 더구나 사랑하는 사람에게 양보하고 져주는 것에 자존심을 따지는 것은 어리석은 일이다.

연애할 때는 밀당이 필요하다고 한다. 나는 연애를 많이 안 해봐서 실전 경험은 없지만 이론은 빠삭해 종종 연애코치를 하기도 한다. 연애 중이든 부부 간이든 내가 코칭을 하는 포인트는 남자와 여자의 차이를 잘 모르거나 여자를 어떻게 대해야 하는지 모르는 남자들을 위한 조언이지 힘겨루기를 해서 우선권을 잡아야 한다는 식의 권력게임은 아니다. 남자들의 심리를 모르는 여자들에겐 남자들에게 구체적으로 말하라고 권한다. 말하지 않아도 알아주기를 바라는 여자들의 마음은 남자들에겐 너무 어려운 숙제다. 사랑하는 감정을 위해서 밀당도 좋고 상대방을 애태우는 것도 좋지만 끝까지 쓸데없는 자존심을 내세워 고집을 피우는 건 서로 에너지 소모가 너무 크다. 진정한 자존심을 지키는 건 이기는 것이 아니다. 나의 소중한 사랑을 지키고 상처주지 않도록 배려하는 것이

〈아무것도 아닌 자존심〉, 장은수

진짜 서로의 자존심을 지키는 길이다. 그러면 설사 헤어지더라도 상대방을 탓할 일은 없을 것이다.

자신의 지위와 권위를 앞세우는 사람에겐 친구가 별로 없다. 지위가 있을 때는 그 힘이 필요한 사람이 옆에 있겠으나 지위가 없어지면 사람도 사라진다. 권위적인 사람은 지위로 남을 평가해서 무시하기도 한다. 반대로 별 뜻 없는 남의 작은 언사에도 자기를 무시한다고 펄펄 뛴다. 그러면서 본인이 상대하기 어려운 사람을 절대 만나지 않는다. 자기는 편하고 만만한 사람만 만나면서 스스로는 주변 사람들에게 대접받고 권위를 내세우고 싶어 하는 것이다.

자존감이 높고, 자신의 가치를 제대로 알고 있다면 별거 아닌 말에 자존심 상할 일도 없고 더구나 무시당했다고 흥분할 일도 없다. 본인이 남보다 잘났다고 생각하는 사람일수록 다시 한 번 생각해 보자. 누군가 나를 무시했다고 느낀 적이 없었는지. 겉으로는 남에게 멋있게 보이려고 매사에 쿨한 척하면서 남의 말에 신경 쓰여 밤새 잠 못 이루고 상처 받은 적은 없는지 돌아보자.

'나한테 감히 어떻게 그럴 수 있지?'라는 기분이 한번이라도 든 적이 있다면 나는 권위적인 사람일 가능성이 있다. 다른 사람에게 '감히'라는 단어를 쓸 수 있다는 건 남을 무시하는 태도를 가지고 있다는 것이다.

오늘부터 생각을 바꾸자. 세상엔 그리 잘난 사람도 없고 나보다 못난 사람도 없다.

끝까지 가지는 말자

　외국 사람들은 부부가 이혼한 후에도 친구처럼 좋은 관계로 지내는 경우가 많다. 한국 사람들은 그런 관계를 보면 이상하게 생각한다. 아마 외국 사람들은 처음 부부관계를 시작할 때 우리와 달리 덜 의존적이고, 더 개인주의적으로 시작했기 때문이 아닐까 싶다. 그러다 보니 서로 맞지 않으면 이성적으로 판단해 이혼이 더 나은 선택이라면 흔쾌히 이혼하기로 결정하는 것이다.

　그에 비해 우리나라는 (요즘은 많이 달라진 편이기도 하지만) 이혼만은 피하려는 관습적인 사고방식이 있어서인지, 서로 맞지 않으면 싸우고 또 싸우다 서로 원수가 되어 헤어지는 경우가 많다. 서로에게 최대한 줄 수 있는 만큼의 상처를 주고 나서야 이혼하고, 그러고 나면 다시는 얼굴도 마주하기 싫은 사이가 된다. 요즘에는 당사자인 부부가 결정하기보다는 양가 부모님들의 결정에 좌지우지되는 경우도 많다고 한다. 갈수록 결혼 후에도 경제적으로 부모에게 의존하는 젊은이들이 많아지면서 자연스럽게 결혼 생활에도 부모의 입김이 작용하는 것이다. 요즘은 무서운 시어머니보다 오히려 사위가 맘에 안 들어 이혼을 시키는 장모도 있다고 하니 정말 세상 참 많이 달라졌다. 옛날처럼 딸에게 '무조건 참고 살아라.

여자가 참는 거다'라고 가르치지도 않는다.

하지만 자식의 인생을 부모가 대신 살아 줄 수는 없다. 결혼은 물론 이혼까지도 부모가 결정하는 세대가 늘어난다고 한다. 그러나 이혼한 뒤의 상처는 부모가 대신 아파 줄 수 없다. 한국도 사고가 많이 바뀌어 개방적으로 변했다고 하지만 사람들은 아직도 '이혼녀'라는 타이틀에 부정적인 시선을 보낸다. 부모의 고집이 아닌 본인들의 신중한 결정이 필요하다.

이혼이 바람직하지는 않지만, 너무 죄악시한 나머지 서로의 인생을 갉아먹으면서까지 헤어지지 않고 사는 것이 좋은 것인지는 모르겠다. 서로 미워하면서 이혼하지 않고 사는 부부들을 보면 경제적인 이유 또는 자식 때문에 참고 산다고 말한다. 부모가 매일 싸우거나 서로 미워하고 모른 척하며 살면 아이에게도 좋지 않다. 그런 집 아이들은 다른 사람의 눈치를 보거나 폭력적인 성향을 보이기도 한다.

노력하는 것은 좋지만 너무 끝까지 가지는 말자. 연애도 마찬가지다. 새로운 출발을 할 수 있는 에너지는 남겨두어야 하니까. 마지막 힘까지 다 소진해버리면 그 다음으로 갈 수 없다. 설사 미운 사람이더라도, 내게 상처를 준 사람이더라도 원수가 되지는 말자. 부부관계가 아니더라도 마찬가지다. 일을 하다가도 부딪치는 사람들이 있다. 이해관계가 얽혀 있으니 더 살벌하다.

〈끝가지 가지는 말자〉, 장은수

세상과 타협한다는 말은 부정적인 의미로 많이 쓰이지만 인간관계에서는 타협과 양보가 필요하다. 끝까지 가지 말고 타협하자. 원수도 사랑하라고 했던가?

그럼에도 불구하고

'아님 말고'라는 말을 좋아한다고 글을 쓴 적이 있다. 시도해 보지도 않고 포기하지 말고 최선을 다해 도전하라는 뜻이다. 그래도 안 되면 그때 가서 아님 말고. 그만두면 되니까.

얼마 전 페이스북에 어느 선배가 자기는 '그럼에도 불구하고'라는 말을 좋아한다고 글을 남긴 것을 보았다. 그 후로 그 말에 대해서 다시 생각해 보게 되었다.

사람은 하고 싶은 일만 하면서 살 수 없다. 힘들기도 하고, 도망도 가고 싶지만 그럼에도 불구하고 해야 하는 일들이 많다.

내가 그를 사랑하는 건 그가 완벽하기 때문이 아니다. 그가 좀 모자란 구석이 많지만, 남들보다 그리 잘나지도 않지만, 그럼에도 불구하고 사랑한다.

그래, 사랑에는 딱 맞는 말인 것 같다. 잘생겨서도 아니고, 돈이 많아서도 아니고, 똑똑해서도 아니다. 뭔지 모르지만 그럼에도 불구하고 사랑하는 거다.

라이프 코칭을 하다 보면 사람들 간의 갈등에 대한 고민을 많이 듣게 된다. 직장 내에서 동료나 상사와의 문제가 있을 때 일을 하기 위해서 손을 내밀고 싶지만 자존심이 허락하지 않는다. 관계가 불편하면 업무에도 지장을 주게 된다.

그러나 '나는 잘못한 게 없다'고 생각하면 먼저 사과하거나 말을 걸기도 싫어진다. 감정의 골이 깊어지면 회사 일에 문제가 생기는데도 사과를 하거나 관계를 개선하려는 노력을 하지 않는다.

그리고 나에게 묻는다.

"왜 내가 먼저 손을 내밀어야 하죠?"

"사람은 다 가지고 태어난 그릇이 있죠. 먼저 사과하고 포용할 줄 아는 사람이 큰 사람이에요"

"그니까 왜 그걸 내가 해야 하냐고요. 그럴 이유가 없어요"

"사람을 받아들이는 건 이유가 있어서가 아니라 그럼에도 불구하고 사랑하는 겁니다"

이유가 무엇이든 누가 잘못을 했든 먼저 손을 내밀어라. 그게 사랑이다. 잘잘못을 가리는 건 나중에 해도 늦지 않다. 관계가 좋아지면 상대방이 먼저 깨달을 수도 있다.

그러면서 나도 반성한다. 나는 그렇게 했을까? '지는 게 이기는 것'이란 말이 있다.

내가 잘못해서가 아니라 누군가를 사랑하기 위해 내가 먼저 고개 숙인다. 먼저 다가가는 것은 자존심의 문제가 아니다. 어렸을 때는 나도 고집을 부렸다.

'내가 왜?'라고.

남을 사랑하기 위해선 나를 먼저 사랑해야 한다.

부족한 게 너무 많은 나지만, 약점도 많지만, 다른 사람들과 같아지려고 노력할 필요는 없다. 그냥 생긴 대로 나를 사랑하기로 했다. 사람은 누구나 단점이 있고, 그 단점 역시 관점에 따라서는 좋은 점이 될 때도 있다.

한동안 긍정 심리학이 학계의 관심을 모았다. 긍정적인 마인드가 행복을 위한 필요조건이란다.

진정한 친구

한 심리학자의 분석에 따르면 사람들은 가족이나 친척들과 있을 때보다 친구와 있을 때가 더 행복하다고 한다. 사람에 따라 '나는 남편과 있는 게 가장 좋다'고 하는 사람도 물론 있겠지만 일반적인 연구 결과가 그렇단다. 어쨌든 그만큼 친구가 우리 행복의 중요한 요소라는 것이다. 인생에 있어 진정한 친구는 꼭 필요한 존재다.

인기 있는 사람이 좋은 친구처럼 보일 수도 있고, 내가 어려울 때 도와주는 친구가 진정한 친구라고 생각할 수도 있다. 그러나 지나고 보니 '내가 기쁠 때 진정으로 함께 해 주는 친구'가 진정한 친구였다. 내가 어려울 때나 슬플 때 위로해 주는 건 어렵지 않다. 상대적으로 자신들이 우월하다는 만족감을 느끼기 때문이다. 자신이 선행을 하고 있다는 것이 오히려 그들을 우쭐하게 만드는 것 같았다. 그러나 내가 발전하고 성공할 때 배 아파하지 않고 진심으로 기뻐해 주는 친구는 정말 찾기 어렵다.

심지어는 힘들 때 혼자 있고 싶어서 연락하지 않으면 자신을 무시한다고 화를 내는 친구도 있다. 그건 진정으로 나를 배려한다고 할 수 없다. 어떤 친구는 하고 싶은 말이 너무 많아서 몇 시간 동안 자기 얘기만 하는 친구도 있다. 물론 남의 얘기를 들어주는 게

〈진정한 친구〉, 김송미

직업이다 보니 잘 듣긴 하지만 그런 친구에게는 내 얘기를 잘 하지 않게 된다. 자기 얘기를 하느라 내게 무슨 일이 있었는지 관심조차 없는 게 보이기 때문이다.

이런저런 사람 다 빼고 나니 진정한 친구가 없는 것 같은가? 그러면 반대로 내가 다른 사람에게 진정한 친구가 되어 주려고 노력한 적이 있는지 생각해 보자. 친구가 필요하다면 먼저 그런 친구가 되어 주어야 한다.

'모든 사람에게 친구인 사람은 누구의 친구도 아니다'라는 말이 있다. 누구에게나 잘하고 인기 있는 사람보다, 나에게 진실하고 나와 잘 맞는 친구를 찾자. 남들이 특이하다고 생각하는 친구라도 나에게는 진심인 사람이 있을 것이다. 또 이것도 기억해 두자. 나의 발전을 방해하는 사람은 친구라고 할 수 없다.

Rockin' Love

볼만한 전시를 찾다가 패티 보이드Pattie Boyd의 사진전 광고를 보았다. 전시 제목은 'Rockin' Love'. 사진작가로는 못 들어본 이름이었지만 세계적인 팝아티스트의 뮤즈였다는 문구가 내 관심을 끌었다.

전시장은 성수동 어느 뒷골목에 있었다. 몇 년 전부터 성수동에 트렌디한 카페와 문화 공간이 많이 생겼다는데 그 길은 아직도 자동차 공업사와 공장들이 많았다. 내비게이션이 '목적지에 도착하였습니다'라고 하는 말을 듣고 고개를 들었으나 공장인지 창고인지 모를 건물들만 보였다. 차에서 내려 두리번거리는데 전시 입간판이 눈에 띄었다. 오래된 창고를 고친 전시장이었다.

문을 열자마자 보이는 벽에 간단한 설명이 붙어 있었다. 'Rockin' Love'란 한국어로 '끝내주는 사랑이다'라고. 'Rockin'이란 말은 Rock'n roll에서 나온 말로 '멋지다'라는 뜻인데 왜 '끝내주다'라고 번역을 했을까. 자극적인 말로 관객을 끌려는 기획사의 숨은 의도가 내비치는 것 같았다. 어쨌든 Rockin이라는 단어가 주는 강렬한 느낌이 좋았다. '사랑'도 채 알지 못하는데 '끝내주는 사랑'이란 뭘까? 일단 안으로 들어갔다.

첫 번째 방에는 그녀가 결혼 전 모델로 일할 때 사진들이 걸려 있었다. 유명 패션지의 멋진 화보들이었다. 미용실 원장의 추천으로 우연히 모델을 시작하게 된 그녀는 비틀즈와 화보 촬영을 하게 되었고, 조지 해리슨을 만나 사랑에 빠졌다.

벽을 타고 코너를 돌아가니 비틀즈와 찍은 사진들이 있었다. 조지 해리슨과 함께 있는 그녀는 편안하고 행복해 보였다. 그 옆에 걸린 헤드폰에서는 조지 해리슨의 'Something'이 흘러 나왔다. 그녀에게서 영감을 얻어 만든 곡이라고 했다.

> 그녀의 몸짓엔 특별한 것이 있어요
> 다른 사람들과는 다르게 날 매혹시키죠
> 내가 해야 할 일은 그녀를 생각하는 것뿐
> 내게 보여지는 그녀의 모든 것엔 무언가 있어요

세계적인 그룹 비틀즈의 히트 곡 중 하나다. 세상 사람들이 노래하는 주인공이 바로 '나'라면 어떤 기분일까.

그러나 그렇게 아름답던 사랑도 영원하지 않았다. 조지와의 사랑이 채 식기도 전에 그녀는 에릭 클랩튼을 만났다.

어느 날, 그녀는 헤어지자는 말도 없이 쪽지 한 장만 달랑 남겨 놓고 짐을 싸서 에릭 클랩튼에게 가 버렸다.

조지의 외도나 에릭과의 불화설도 있었지만 이번 전시는 패티 보이드의 입장에서 기획된 것이라 그들과 찍은 아름다운 추억들만 보여 주었다.

시간이 흐른 후 그녀는 말했다.

조지와의 사랑은 깊고 숭고한 것이었고, 에릭의 사랑은 매력적이고 자극적이어서 스스로 통제할 수 없었다고. 영국이라서 가능했을까? 한국이라면 어림없는 일!

대학교 때 많이 들었던 'Wonderful Tonight'은 에릭 클랩튼이 그녀를 보고 만든 곡이란다. 80년대 초 유행하던 디스코텍에 가면 쉬는 시간마다 가장 많이 나오는 곡이었다.

한 시대를 대표하는 블루스 곡이었는데 그런 노래의 주인공이라니 얼마나 대단한 여자였을까.

그러나 인생이 아이러니라고 해야 할지, 그녀는 세기의 스타들과 헤어진 후에야 자신을 찾을 수 있었다.

두 번 이혼하고 나서야 진정한 자신을 발견했고, 완전한 독립을 이뤘다고 했다. 결혼함으로써 사랑은 끝이 난다고 했던 어느 철학자의 말이 떠올랐다. 프로포즈를 받아들이는 순간 그들은 가족이 되고 남녀 간의 사랑은 없어진다는 주장.

결혼하는 순간부터는 사랑보다 책임과 의무가 더 많아지는 것도 사실이다. 나도 신혼 초에 '시집살이'를 했다. 남편은 회사를 핑계로 매일 늦게 들어오고 나는 시부모님과 저녁을 먹고 동네 산책을 하고 남편이 들어올 때까지 문간방에서 잠도 못 자고 기다리던 시절. 지나갔다고 다 아름다운 추억은 아니지 싶다.

전시 때문에 내한했을 때 패티에게 기자들이 삼각관계로 얼룩진 과거가 후회스럽지 않느냐고 물었다.

그녀는 간결하게 대답했다.

"I'm me!"

누구도 대신할 수 없는 자신의 삶을 기꺼이 살았을 뿐이라고.

전시장 마지막 벽에는 커다란 거울이 세워져 있었다.

그 거울 위쪽엔 'I'm me'라는 문구가 쓰여 있었다.

거울에 비친 나를 카메라로 찍었다. 그래, 나는 나다.

'내 인생의 주인공은 나'라는 생각은 패티 보이드와 같은데, 나는 끝내 끝내주는 사랑이 뭔지 찾지 못하고 전시장을 나섰다.

사랑이란 정답이 없나 보다.

전시를 보면서도, 이 글을 쓰면서도 여전히 나는 아무런 결론도 내리지 못했다. 내 마음속에 남은 것은 '물음표'뿐이었다.

'끝내주는 사랑은 뭘까?'

계속 화두로 삼고 살아야 할 것 같다. 나도 그리고 당신도.

늦지 않았다

"너의 젊음이 너희가 잘해서 얻은 상이 아니듯이 우리의 늙음도
우리가 잘못해서 받은 벌이 아니다"

영화 〈은교〉 속 노 소설가의 대사다. 나이 든 사람들은 이 말에 공감했을 것이다. 나이 들어 눈이 잘 안 보이고, 머리가 하얗게 세간다는 것은 당연히 슬픈 일이지만 동시에 아주 자연스러운 일이기도 하다. 애통해 할 일도 아니고 화를 낼 일은 더욱 아니다. 어떤 사람들은 노안이 오거나 흰머리가 하나둘 늘어날 때마다 좌절하고 화를 내면서 자신뿐 아니라 주위 사람에게도 스트레스를 준다.

무엇이든 오래 쓰면 녹이 슬고 고장 나는 게 당연하다. 사람이라고 다를 것은 없다. 잘 관리하고 다독여서 데리고 살아야 한다. 순리로 받아들이고 그에 적응해 나가야 변한 이치인 것이다. 몸이 늙어가는 것에 집착하면 마음도 따라 늙는다.

동전에 양면이 있듯 무슨 일이든 장단점이 있기 마련이다. 나이 드는 것이 다 좋은 일이라고 말할 순 없지만 장점도 많다. 많은 인생 경험과 풍부한 여건으로 세상을 보는 지혜도 생기고 너그럽고 포용력이 있는 사람이 될 수 있다. 멋있는 사람이 될 수 있다는

말이다. 물론 그러려면 노력이 필요하다. 인생공부도 마음공부도 부단히 해야 한다.

"이 나이에 뭘 한단 말이야"
"이제 와서 그런 걸 어떻게 해"

이런 말을 하며 해 보지도 않고 포기하는 것은 비겁하다. 몸이 늙는 것은 거부하면서 왜 마음은 다 산 사람처럼 말하는가. 거꾸로다. 몸이 노화되는 현상을 자연스럽게 받아들이되, 마음은 청춘이어야 한다. 무슨 일이든 시도하는 데 늦은 것은 없다. 더 늦기 전에 지금부터 시작하는 거다.

'여행은 다리가 떨릴 때 하는 것이 아니라 가슴이 떨릴 때 하는 것이다'라는 말이 있다. 경제적 여유, 시간적 여유가 생길 때까지 기다리면 우리는 다리가 떨려서 멀리 못 갈지도 모른다.

사랑도 마찬가지다. 나이가 들었다고 사랑도 회색이 되지는 않는다. 20대의 핑크빛 사랑만 사랑이라고 정의하지 말자. '로맨스 그레이'도 아름다운 사랑이다. 지금이라도 연애를 하고 싶다면 핑크빛 연애에 도전해 보자. 더 이상 미루지 말고 하고 싶은 일을 하자.

그것이 여행이든 연애든.

도전하라.

죽을 때까지 도전하는 인생을 살자.